GESTÃO DE PROCESSOS

O GEN | Grupo Editorial Nacional, a maior plataforma editorial no segmento CTP (científico, técnico e profissional), publica nas áreas de saúde, ciências exatas, jurídicas, sociais aplicadas, humanas e de concursos, além de prover serviços direcionados a educação, capacitação médica continuada e preparação para concursos. Conheça nosso catálogo, composto por mais de cinco mil obras e três mil e-books, em www.grupogen.com.br.

As editoras que integram o GEN, respeitadas no mercado editorial, construíram catálogos inigualáveis, com obras decisivas na formação acadêmica e no aperfeiçoamento de várias gerações de profissionais e de estudantes de Administração, Direito, Engenharia, Enfermagem, Fisioterapia, Medicina, Odontologia, Educação Física e muitas outras ciências, tendo se tornado sinônimo de seriedade e respeito.

Nossa missão é prover o melhor conteúdo científico e distribuí-lo de maneira flexível e conveniente, a preços justos, gerando benefícios e servindo a autores, docentes, livreiros, funcionários, colaboradores e acionistas.

Nosso comportamento ético incondicional e nossa responsabilidade social e ambiental são reforçados pela natureza educacional de nossa atividade, sem comprometer o crescimento contínuo e a rentabilidade do grupo.

Luis César G. de Araujo
Adriana Amadeu Garcia
Simone Martines

GESTÃO DE PROCESSOS

MELHORES RESULTADOS E EXCELÊNCIA ORGANIZACIONAL

2ª Edição

gen | atlas

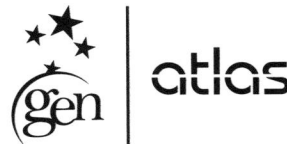

Os autores e a editora empenharam-se para citar adequadamente e dar o devido crédito a todos os detentores dos direitos autorais de qualquer material utilizado neste livro, dispondo-se a possíveis acertos caso, inadvertidamente, a identificação de algum deles tenha sido omitida.

Não é responsabilidade da editora nem dos autores a ocorrência de eventuais perdas ou danos a pessoas ou bens que tenham origem no uso desta publicação.

Apesar dos melhores esforços dos autores, do editor e dos revisores, é inevitável que surjam erros no texto. Assim, são bem-vindas as comunicações de usuários sobre correções ou sugestões referentes ao conteúdo ou ao nível pedagógico que auxiliem o aprimoramento de edições futuras. Os comentários dos leitores podem ser encaminhados à **Editora Atlas Ltda.** pelo e-mail editorialcsa@grupogen.com.br.

Direitos exclusivos para a língua portuguesa
Copyright © 2017 by
Editora Atlas Ltda.
Uma editora integrante do GEN | Grupo Editorial Nacional
1. ed. 2011; 2. ed. 2017

Reservados todos os direitos. É proibida a duplicação ou reprodução deste volume, no todo ou em parte, sob quaisquer formas ou por quaisquer meios (eletrônico, mecânico, gravação, fotocópia, distribuição na internet ou outros), sem permissão expressa da editora.

Rua Conselheiro Nébias, 1384
Campos Elísios, São Paulo, SP – CEP 01203-904
Tels.: 21-3543-0770/11-5080-0770
editorialcsa@grupogen.com.br
www.grupogen.com.br

Designer de capa: Design Monnerat

Editoração Eletrônica: Formato Editora e Serviços

CIP-BRASIL. CATALOGAÇÃO NA PUBLICAÇÃO.
SINDICATO NACIONAL DOS EDITORES DE LIVROS, RJ

Araujo, Luis César G. de
Gestão de processos: melhores resultados e excelência organizacional / Luis César G. de Araujo; Adriana Amadeu Garcia; Simone Martines. – 2. ed. – São Paulo: Atlas, 2017.

Inclui bibliografia
ISBN 978-85-97-00902-6

1. Administração de empresas 2. Controle de processos 3. Negócios – Planejamento 4. Organizações 5. Tecnologia da informação I. Garcia, Adriana Amadeu. II. Martines, Simone. III. Título.

10-12694   CDD-658.5

A vocês dedicamos este livro:

Luis Cesar dedica a:	**Adriana dedica a:**	**Simone dedica a:**
Pedro Paulo do Couto	Elizabeth Carvalho da Silva	Eloi Martines
Renato Larotonda Occhiuzzi	Luiza Soares Garcia	Irene Martines
	Teresa Cristina Ribeiro Marins	Fernanda Martines

Material Suplementar

Este livro conta com o seguinte material suplementar:

- Apresentações para uso em sala de aula em (.pdf) (restrito a docentes).

O acesso ao material suplementar é gratuito. Basta que o leitor se cadastre em nosso *site* (www.grupogen.com.br), faça seu *login* e clique em Ambiente de Aprendizagem, no menu superior do lado direito.

É rápido e fácil. Caso tenha dificuldade de acesso, entre em contato conosco (sac@grupogen.com.br).

Sumário

Apresentação, xv

1 Cenários Organizacionais no Brasil, 1
    1.1 A realidade dos sistemas fechados, 1
    1.2 A realidade dos sistemas abertos, 5
    1.3 O cenário brasileiro, 7
    1.4 Tecnologias para análise de cenários, 9
    Finalizando, 13
    Estudo de caso, 14
    Questões para debate, 15
    Referências, 15

2 Processos, 17
    2.1 Evolução das propostas, 17
    2.2 Conceito, 24
    2.3 Visão funcional × gestão de processos, 26
    2.4 Tipos de processos, 29
    2.5 Técnicas de modelagem, 30
        2.5.1 BPMN (*Business Process Modeling Notation*), 31
        2.5.2 IDEF (*Integrated Definition*), 45
        2.5.3 EPC (*Event-Driven Process Chain*), 57

2.6 Escritório de processos, 62
    2.6.1 Ação estratégica do escritório de processos, 63
Finalizando, 66
Estudo de caso 1, 67
Estudo de caso 2, 68
Questões para debate, 70
Referências, 71

3 **Estratégias Organizacionais, 73**
    3.1 Visão e missão, 74
    3.2 Cadeia de valor, 77
    3.3 Hierarquia, camadas de decomposição da cadeia de valor, 79
Finalizando, 80
Estudo de caso, 81
Questões para debate, 82
Referências, 82

4 **A Relevância da Governança na Gestão de Processos, 84**
    4.1 O que é governança de processos?, 85
    4.2 Principais elementos da governança, 89
Finalizando, 96
Estudo de caso, 96
Questões para debate, 97
Referências, 98

5 **Tecnologia da Informação, 99**
    5.1 Rápido histórico, 99
    5.2 *Workflow* – onde tudo começou, 102
    5.3 Sistemas integrados de gestão – onde estamos na prática, 104
    5.4 BPMS – onde estamos na teoria, 106
    5.5 SOA – aonde queremos chegar, 109
Finalizando, 113
Estudo de caso, 113
Questões para debate, 114
Referências, 115

6 **O Papel das Pessoas na Gestão de Processos, 117**
    6.1 Competências pessoais, 118
    6.2 Liderança, 119

6.3   Cultura organizacional, 120

Finalizando, 123

Estudo de caso, 124

Questões para debate, 125

Referências, 126

7 Gestão da Mudança, 127

7.1   Mudança e processos, 128

7.2   Tecnologia da informação, processos e organizações, 129

7.3   Delineamento de modelos direcionados à mudança organizacional, 136

7.4   Momentos da mudança, 138

Finalizando, 145

Estudo de caso, 145

Questões para debate, 146

Referências, 147

8 Pesquisa, 148

8.1   Objetivo, 149

8.2   Revisão de natureza bibliográfica, 149

8.3   Metodologia, 150

    8.3.1   Tipo de pesquisa, 150

    8.3.2   Delimitação do estudo, 150

    8.3.3   Universo e amostra, 151

    8.3.4   Seleção dos sujeitos, 151

    8.3.5   Análise e tratamento dos dados, 151

Finalizando, 160

Estudo de caso, 161

Questões para debate, 162

Referências, 163

Bibliografia, 165

Índice remissivo, 171

Índice onomástico, 175

Lista de Quadros e Figuras

Quadro 1.1   Anomalias geradas pelo sistema fechado, 3
Quadro 1.2   Tecnologias para análise de cenários, 10
Quadro 2.1   Os 14 princípios da qualidade, 21
Quadro 2.2   Gestão de processos × gestão por processos, 26
Quadro 2.3   Eventos, 33
Quadro 2.4   Representação dos atributos das atividades, 36
Quadro 2.5   Representação do gatilho, 37
Quadro 2.6   Técnicas IDEF, 45
Quadro 2.7   Tipos de conectores, 60
Quadro 2.8   Outros tipos de conectores, 62
Quadro 3.1   Técnicas para delimitar a visão (Smith), 75
Quadro 4.1   Principais elementos da governança, 89
Quadro 4.2   Papéis e responsabilidades dos envolvidos na governança dos processos, 92
Quadro 4.3   Elementos da padronização, 95
Quadro 5.1   TI como recurso fundamental, 100
Quadro 5.2   Distinção entre BPMS e BPM, 107
Quadro 5.3   Conceitos que cercam a SOA, 110
Quadro 7.1   Fatores que motivam a formação de redes ou *networks*, 133
Quadro 7.2   Mudanças ambientais, 135
Quadro 7.3   Questionamentos da dinâmica da mudança, 137
Quadro 7.4   Fases de um modelo de mudança organizacional, 139

Figura 1.1   A realidade do sistema fechado, 2
Figura 1.2   Componentes do sistema aberto, 6
Figura 1.3   A realidade do sistema aberto, 6
Figura 1.4   Exemplo de cenário – escritório do Google no Brasil, 8
Figura 1.5   Exemplo de fluxograma – Chuck's Backyard Fun, 11
Figura 1.6   Gráfico de Gantt (a linha contínua na vertical e na horizontal indica que a tarefa C só pode ser iniciada após o término das tarefas A e B), 12
Figura 2.1   Ciclo PDCA, 20
Figura 2.2   Visão funcional, 22
Figura 2.3   Hierarquia dos processos, 25
Figura 2.4   Processos × visão por processos, 27
Figura 2.5   Tipos de processos, 30

Figura 2.6   Objetos de fluxo, 32
Figura 2.7   Exemplo pedido de viagem, 34
Figura 2.8   Atividade atômica e atividade composta, 35
Figura 2.9   Exemplo de instância múltipla e *ad hoc*, 36
Figura 2.10 Exemplo de decisão complexa e paralela, 38
Figura 2.11 Objetos de conexão, 38
Figura 2.12 Exemplo de fluxo de sequência, 38
Figura 2.13 Exemplo de fluxo de mensagem, 39
Figura 2.14 Exemplo de associação, 40
Figura 2.15 Fluxo de sequência condicional, 40
Figura 2.16 Exemplo de fluxo de sequência condicional, 41
Figura 2.17 Fluxo de sequência *default*, 41
Figura 2.18 Exemplo de fluxo de sequência *default*, 42
Figura 2.19 Piscina e raias, 42
Figura 2.20 Artefatos, 43
Figura 2.21 Exemplo de diagrama BPMN, 44
Figura 2.22 Simbologia IDEF0, 46
Figura 2.23 Seta de chamada, 47
Figura 2.24 Exemplo de hierarquia IDEF0, 48
Figura 2.25 Exemplo de IDEF0 contexto (diagrama "pai"), 49
Figura 2.26 Exemplo de IDEF0 detalhado (diagrama "filho"), 49
Figura 2.27 UOB, 50
Figura 2.28 Exemplo de seta relacional, 51
Figura 2.29 Exemplo de convergência e divergência, 51
Figura 2.30 Exemplo *AND* (E) síncrono, 52
Figura 2.31 Exemplos de divergências *OR* (OU), 53
Figura 2.32 Exemplo de *XOR* (OU exclusivo), 53
Figura 2.33 Exemplo de combinação da junção *AND* (E), 54
Figura 2.34 Exemplo de combinação de junções *AND* (E) e *OR* (OU), 55
Figura 2.35 Exemplo de combinação das junções *XOR* (OU exclusivo) e *OR* (OU), 55
Figura 2.36 Exemplo de decomposição IDEF3, 56
Figura 2.37 *Framework* ARIS, 57
Figura 2.38 Exemplo de atividade (função) que dá origem a dois eventos, 59
Figura 2.39 Exemplo de diagrama EPC, 61
Figura 3.1   Modelo de gestão de processos, 73
Figura 3.2   Objetivo da visão, 76

Figura 3.3   O acompanhamento do planejamento, 77
Figura 3.4   A cadeia de valores genérica, 78
Figura 3.5   Hierarquia dos processos na cadeia de valor, 79
Figura 4.1   Modelo de gestão de processos de Jeston e Nelis, 86
Figura 4.2   Modelo de maturidade organizacional e de processos (*Process and Enterprise Maturity Model* – Hammer), 87
Figura 4.3   Processos × estrutura organizacional, 88
Figura 4.4   Modelo de gestão de processos – governança, 89
Figura 4.5   Estrutura da governança, 90
Figura 5.1   Estrutura do sistema de *workflow*, 103
Figura 5.2   Estrutura do sistema de *workflow* com integrações, 104
Figura 5.3   A base de dados dos sistemas integrados de gestão ou ERPs, 105
Figura 5.4   Arquitetura SOA, 112
Figura 6.1   Tipos de organizações, 117
Figura 6.2   Competências pessoais, 118
Figura 6.3   Motivos que levam à postura dos líderes, 120
Figura 7.1   Exemplos de mudanças do século XXI, 129
Figura 7.2   TI como "aba" do chapéu, 130
Figura 7.3   Origem e classificação dos agrupamentos criados ao longo da história japonesa, 132
Figura 8.1   Resposta da questão nº 1, 153
Figura 8.2   Resposta da questão nº 2, 154
Figura 8.3   Resposta da questão nº 3, 154
Figura 8.4   Resposta da questão nº 4, 156
Figura 8.5   Resposta da questão nº 5, 157
Figura 8.6   Resposta da questão nº 6, 157
Figura 8.7   Resultado da parte 2, 159

Apresentação

O surgimento de novas tecnologias somado às novas exigências do mercado, a partir da última década do século passado, trouxe muitas alternativas para a busca da excelência em todos os níveis organizacionais. Assim, se antes os e as profissionais atuavam, basicamente, em sistemas fechados, sendo dependentes de uma única tecnologia que tratava, essencialmente, das frações organizacionais e de seu realinhamento, como, por exemplo, as conhecidas descrições de cargos que culminavam em novos manuais, novos organogramas (parciais ou globais), novas descrições de cargos etc., hoje os tempos são outros. Os novos tempos trazem exigências de maior velocidade, maior competência, mais alternativas de dinâmicas sistêmicas, maior presença de mercado, rapidez na solução de problemas e processo decisório próximo à perfeição a cada momento tanto na forma vertical ou hierárquica como na forma horizontal. É bom lembrar que a movimentação, circulação de processos, teve um excepcional incremento em função do surgimento, além da Internet já mencionada, dos *e-mails*, do Skype, do WhatsApp, que tornaram num certo sentido dispensáveis os contatos visuais entre as pessoas. O surgimento de técnicas do mundo virtual deu nova velocidade e nova lógica ao relacionamento humano, inclusive, nas empresas de qualquer tamanho por todo o mundo, ao menos, o mundo ocidental e grande parte do mundo oriental. Acreditamos que esse mundo virtual deu nova roupagem às dinâmicas de funcionamento das organizações, e essa nossa convicção está presente neste nosso livro. Evidentemente que as organizações "nascidas" nessa nova ordem mundial mal percebem a sua presença, mas saibam que 90% das organizações têm existência superior aos últimos dez anos. O mesmo com a turma que está ingressando no mercado de trabalho que, em muitos casos, não consegue imaginar como era viver sem a telefonia celular ou uma organização sem *e-mails* que tornaram possível fazer perguntas de um ponto do planeta a outro ponto distante milhares, muitos milhares, de quilômetros em fração de segundo ou no mesmo. Com certeza, tudo isso mudou significativamente as organizações.

O fato é que, embora ainda seja possível o uso da tecnologia anterior, esta já não é mais a única forma de trabalhar o ambiente altamente turbulento interna e externamente. Aliás, em muitos casos, e de longe o melhor caminho, que a gestão de processos vem se mostrando extremamente eficiente. Inclusive, não é por acaso que inúmeros pesquisadores voltaram suas atenções ao tema, tanto que até o final de 2016 tivemos em buscadores 22.600.000 opções de consultas em gestão de processos (colocamos aspas para fecharmos a busca apenas nas duas palavras principais). Em inglês temos acima de 28.500.000 de opções nas variações terminológicas, tais como *process management*.

De forma sucinta, pode-se dizer que, diante de uma realidade onde todos têm de dar uma nova dinâmica à organização com maior velocidade, para ter maiores chances de alcançar a chamada excelência e, certamente, com credenciais de estar à frente nas ações de competição por presença no mercado, a gestão de processos é uma proposta bastante coerente, principalmente quando a expressão *presença de mercado* requer aplicação da forma mais ampla possível. Nesse sentido, a evolução da tecnologia da informação, sua facilidade de acesso e, neste contexto, a Internet, abriram espaços, oportunidades, perspectivas de curto, médio e longo prazo a todo e qualquer negócio. Prova disso foi que um dos autores, certa vez, viu num programa noturno de variedades uma empresa do interior do Nordeste exportando para a Austrália. Verdade seja dita, esse autor não procurou mais informações sobre essa pequena empresa (quase do chamado "fundo de quintal"), mas de qualquer maneira seria inimaginável, há não muito tempo atrás, pensarmos em aspectos que nos remetesse a tal realidade.

Portanto, se hoje o número de empresas brasileiras com ação fora dos nossos limites territoriais é expressivo, independentemente de estarem definitivamente inseridas no contexto global, a gestão de processos, além de coerente, tem a vantagem de ser uma ação rigorosamente compatível com qualquer outro determinado esforço tecnológico. Não importa se há uma tendência ao uso, aplicação de *empowerment* ou *open book management* (gestão do livro aberto) ou da já tradicional gestão pela qualidade total, a gestão de processos tem de estar presente, pois assim os resultados finais serão efetivamente compensadores.

Por fim, mas não menos importante, fica a nossa gratidão pela colaboração efetiva de Amanda Gusmão, com presença importante, ao trazer constantes observações no sentido de sugerir caminhos para uma mais adequada compreensão do texto.

O(a)s Autore(a)s

1

Cenários Organizacionais no Brasil

O cenário organizacional é formado por circunstâncias originadas tanto no ambiente externo, segundo uma visão macro, quanto no ambiente interno, numa perspectiva micro. Todavia, se enganam aqueles que imaginam que todas as organizações trabalham com ambas as perspectivas. Pelo contrário, existem ainda hoje duas realidades que influenciam de forma significativa a implementação da verdadeira gestão de processos, realidades estas que serão trabalhadas a seguir.

1.1 A REALIDADE DOS SISTEMAS FECHADOS

Para os conhecedores da ciência da administração, não seria novidade alguma se neste momento trabalhássemos a proposta de Frederick Winslow Taylor, ou simplesmente Taylor, pioneiro nos estudos que levaram a administração a *status* de ciência.

Tendo começado sua carreira numa fábrica como técnico em mecânica, Taylor observou alguns aspectos que poderiam ser aprimorados no processo produtivo. Em suma, ao participar do chamado "chão de fábrica", este personagem notou que seria possível conseguir maior lucratividade se fosse diminuído o desperdício, ou melhor, era possível ter mais lucro sendo eficiente com foco nas tarefas, lógica esta que é utilizada com êxito até hoje. O problema é que suas ideias e princípios estavam direcionados aos processos internos da indústria, como se o ambiente externo não existisse e as organizações, em geral, fossem sistemas fechados.

Vale ressaltar, porém, que trabalhar em sistema fechado não significa ausência de concernência com o ambiente externo; pelo contrário, essas organizações mantêm sim uma relação de alguma forma aberta, pois vendem produtos; fazem manutenção; contratam pessoas; conquistam mais clientes; pagam fornecedores; portanto, tais organizações, na realidade, mantêm esse relacionamento com o ambiente de uma forma única, em que aceitam a sua existência, mas não acreditam que qualquer mudança trará algum impacto significativo em seus processos. Em outras palavras, o que se faz neste caso é pagar contas, porque elas têm que pagar "contas" aos credores, sejam estes fornecedores, governo em seus vários níveis etc., situação esta evidenciada pela Figura 1.1, em que as iniciativas, representadas pelas setas, têm apenas uma origem: a organização.

Figura 1.1 *A realidade do sistema fechado.*

Note, contudo, que a explicação para tal postura sugerida é simples, pois estamos falando de uma época pós-Revolução Industrial, em que não havia concorrência acirrada nem clientes exigentes. Pelo contrário, as organizações, até então fábricas, partiam do princípio de que tudo que fosse produzido seria vendido e tudo que fosse vendido representaria lucro; portanto, era importante saber como produzir mais, como executar tarefas em menos tempo, assim o lucro estaria numa constante crescente.

Entretanto, não se engane, pois a proposta de Taylor e outros, aparentemente obsoleta, ainda hoje é utilizada por organizações que trabalham com cenários que enfatizam apenas o que acontece dentro e não fora dos limites organizacionais. O problema é que, ao optar por atuar dessa forma, ou melhor, como um sistema fechado, muitos danos são causados às organizações, como afirmam Rezende e Abreu (2003). E, em função disso, aparecem diversas anomalias, presentes no Quadro 1.1:

Quadro 1.1 *Anomalias geradas pelo sistema fechado*

1. gestão e administração rudimentar;
2. dificuldades de mudanças;
3. baixa produtividade e qualidade nos serviços e produtos;
4. incapacidade de administrar diferenças ambientais, organizacionais e comportamentais;
5. falta de flexibilidade e de adaptações diversas;
6. "conclusões" alicerçadas em dados e fatos que podem gerar conclusões as mais estranhas.

1. *gestão e administração rudimentar*: nesse caso, entenda rudimentar como elementar, básica. Assim, ao trabalhar como sistema fechado, a organização se protege de tal forma chegando por vezes a se isolar e não se preparar para lidar com as adversidades, contingências, demandas do ambiente externo. É como uma pedra, rude, que precisa ser lapidada, ou como uma mãe que protege tanto o filho que, este, na sua ausência, se sente só, por estar despreparado para enfrentar os obstáculos da vida. Da mesma forma a organização procede se reportando aos seus métodos de gestão e não se atualizando às novas demandas, o que é extremamente perigoso, pois uma alteração no ambiente externo pode levar a uma situação em que não se sabe o que pode ou deve ser feito;

2. *dificuldades de mudanças*: na medida em que não se enxerga a necessidade de mudar. Entenda que o processo de mudança é extremamente complexo, já que faz as pessoas se questionarem sobre suas atitudes e até mesmo seus valores, então, é natural que a mudança seja provocada e não ocorra de forma espontânea. Nesse sentido, a organização que foca em seus processos internos não consegue perceber tal necessidade, pois não visualiza tal confronto. Contudo, antes de julgá-la vale fazer a seguinte pergunta: será que você pensaria em mudar algum comportamento se ninguém nunca o questionasse por isso? Portanto, aceite o confronto de ideias como algo positivo e saiba que esta é uma etapa do processo de construção do conhecimento;

3. *baixa produtividade e qualidade nos serviços e produtos*: vale ressaltar que "baixa" não é sinônimo de "falta". Ademais, nesse caso está sendo feita uma comparação entre o sistema aberto e o sistema fechado, demonstrando que este último, ao contrário do primeiro, ao trabalhar sem se preocupar efetivamente com o ambiente externo, apresenta alguma dificuldade em atender o mercado de forma satisfatória. Em outras palavras, quando as organizações focam tão somente seus processos internos, estas

deixam de atender melhor os clientes em função da baixa produtividade e qualidade, segundo o mercado;

4. *incapacidade de administrar diferenças ambientais, organizacionais e comportamentais*: ao se restringir a sua realidade, como se ela fosse capaz de se sobrepor ao ambiente em que está inserida, a organização passa a ter dificuldades em lidar não apenas com o mercado, mas com as próprias pessoas que ali atuam e seus processos. Para facilitar o entendimento, retome a ideia da mãe "superprotetora". Nesse caso, como enxergar outra forma de lidar com as pessoas, se não se está disposto a maiores questionamentos acerca de suas ações?

5. *falta de flexibilidade e de adaptações diversas*: na medida em que atitudes não são questionadas, conforme visto anteriormente, o processo de mudança não é estimulado, tendendo à manutenção da presente realidade. Em suma, as organizações que atuam "fechadas" são muito pouco flexíveis e têm muita dificuldade em se adaptar a novas demandas, porque não acreditam que o ambiente externo possa ser determinístico em suas ações; logo, não enxerga a necessidade de mudanças de qualquer ordem, o que é, repetimos, extremamente perigoso; e

6. *conclusões alicerçadas em dados e fatos que podem gerar conclusões as mais estranhas*: em síntese, absoluta ausência de estratégias que, como sabemos, depende de informações originadas do ambiente, quer seja o ambiente que mais diretamente interessa quer seja o ambiente de onde pode originar ações de pouco ou nenhum resultado prático.

Em certo sentido, seria possível afirmar que as organizações que atuam de forma fechada não têm consciência de que estão atreladas a uma visão antiga do ato de gerir, administrar. O fato é que seus executivos estão tão envolvidos no dia a dia que não percebem o desserviço que estão realizando em nome de um desejado sucesso, que até pode acontecer por determinado espaço de tempo, mas que tende a ruir e levar a organização a alguns momentos ou muitos momentos de insucesso. Em alguns casos, podendo levar à falência mesmo.

Para que você entenda essas nossas afirmações, deixe-nos dar um exemplo que é perfeito para essa nossa proposta editorial que envolve integralmente a gestão de processos. Na organização baseada em sistema fechado, não há uma gestão de processos, há processos. Processos que são mais bem visualizados com a elaboração de fluxogramas, ou seja, elaboração de fluxogramas por processo.

Assim, surgindo a necessidade de se entender os esforços de uma secretaria de ensino, faz-se um trabalho que consiste na identificação passo a passo das rotinas típicas de uma secretaria escolar em qualquer ponto do país. Matrícula, trancamento, requerimento para histórico escolar, entrega de diplomas e por aí vai. E para cada rotina se elabora um fluxograma (gráfico da rotina *x*), que vai se constituir num processo. Logo em seguida, será elaborado o fluxograma e daí as discussões e conclusões sobre a melhor maneira de se ter uma bela rotina de matrícula, trancamento etc.

Portanto, não há gestão de processos, há processos, de alguma forma, independentes, raramente guardando alguma relação uns com os outros. Assim, na organização que sobrevive com um sistema fechado não há gestão de processos porque, talvez, seus executivos mais nobres desconheçam essa recente alternativa de se fazer funcionar uma organização ou talvez achem suficiente a opinião ou considerações de seu corpo gerencial.

Em poucas palavras: organizações em sistema fechado não estão fechadas para o ambiente, nem estão preocupadas com o ambiente, pois consideram que o seu trabalho compensa. Dessa forma nem mesmo buscam alguma alternativa para alguma mudança, qualquer mudança, porque acreditam que não precisam.

1.2 A REALIDADE DOS SISTEMAS ABERTOS

Apesar de não serem exatamente os criadores do termo "sistemas abertos", foram Katz e Kahn (1987), sem dúvida alguma, os autores que consagraram tal termo utilizado nos últimos anos em oposição aos sistemas fechados, trabalhados no tópico anterior. Diz-se isso, pois para os executivos essa consagração resultou numa amplitude gigantesca do trabalho de cada um.

Todavia, antes de destacar qual foi o trabalho dos autores supracitados, é necessário falar de Ludwig Von Bertalanffy, biólogo alemão que elaborou a Teoria Geral dos Sistemas (TGS). Para Bertalanffy, os sistemas só podem ser compreendidos se trabalhados de forma integrada. Aliás, fazendo uso de sua formação, argumentava tendo por base os sistemas do corpo humano que coexistem e interagem impactando diretamente na saúde. Trazendo para a realidade organizacional, segundo a TGS, não é possível trabalhar cada departamento, setor, seção de forma isolada. Pelo contrário, é necessário analisar o todo organizacional, porque muitas vezes o problema está na relação entre unidades e não dentro delas.

Seguindo essa linha de raciocínio, Katz e Kahn, ao delimitarem as principais características de um sistema aberto, cunharam há anos várias expressões, hoje largamente utilizadas por estudiosos do mundo ocidental, como, por exemplo, *feedback* (retroalimentação), *inputs* (entradas), *throughput* (processamento) e *outputs* (saídas), para ficarmos apenas com alguns termos. Assim, partiram de ambos os autores o pequeno gráfico (Figura 1.2) que deu cores novas aos estudos organizacionais, onde se incluiu uma preocupação com algo denominado retroalimentação, mais conhecido como *feedback*, que tem como "capa protetora" os sistemas abertos.

Figura 1.2 *Componentes do sistema aberto.*

A relação do *feedback* com a proposta de atuar como sistema aberto é de simples compreensão, pois se outrora tudo o que fosse produzido seria vendido e se tornaria lucro, sem a necessidade da participação ativa do ambiente externo, nesta proposta a realidade passa a ser outra, de modo que é preciso um esforço muito maior para obter tal sucesso, na medida em que tal êxito dependerá do atendimento à demanda. Para facilitar, vale retomar a Figura 1.1, pois se nos sistemas fechados a origem da "seta" era única, agora esta passa a ser uma via de mão dupla, como mostra a Figura 1.3.

Saber se seu produto/serviço atende de forma, ao menos, satisfatória às necessidades do mercado passa a ser pré-requisito para a excelência. Assim, a partir da proposta de sistemas abertos, os executivos, partidários, simpatizantes dessa nova forma de análise e ação organizacional viram seu papel passar de uma razoável preocupação com os estudos internos para uma vinculação total com o ambiente, vinculação esta que permanece nos dias de hoje e que permanecerá para os próximos tempos.

Figura 1.3 *A realidade do sistema aberto.*

A abordagem dos sistemas abertos trouxe contribuições significativas para o campo da gestão nas organizações, a saber: entendimento segundo o qual o ambiente pode operar no sentido de novas ações nas organizações e, especificamente, no estabelecimento e aplicações de estratégias de toda ordem; mudanças internas considerando variáveis ambientais; e, para ficarmos apenas em algumas variáveis, a certeza de que o ambiente em muitas oportunidades dita as ações internas e que a contingência altera percursos, independentemente do projetado.

Em síntese, eventos contingenciais permitem que sejam imaginadas várias trajetórias possíveis de trazer resultados de excelência. Em outras palavras, com o advento de uma abordagem que admite trajetórias várias na busca da excelência, caiu por terra a escolha que ainda ocorre em muitas organizações de um determinado modelo. Sistemas abertos são necessariamente flexíveis, porque não estão atrelados a convicções internas das organizações ou, se desejarmos ser extremamente agressivos, a desejos individuais, às vezes deste ou daquele membro da administração. Sem contar que a gestão com sustentação, também no ambiente, mostrou que vontades pessoais tendem a se transformar em verdadeiros desastres, por vezes, levando a organização a um fim prematuro. Há muitos exemplos.

Portanto, o cenário das organizações contempla a abordagem de sistemas abertos, por ser uma alternativa única que permite às organizações operar com grandes possibilidades de alcançar a sonhada e desejada excelência organizacional.

1.3 O CENÁRIO BRASILEIRO

Neste momento vale retomar a ideia exposta no parágrafo que deu início a este capítulo, pois, se numa frase curta foi informado o que se entende por cenário, agora será detalhado um pouco mais este aspecto de extrema importância para a gestão de processos. Todavia, por este assunto estar intimamente relacionado ao tema cultura organizacional, no Capítulo 7 desta obra estaremos explorando alguns aspectos específicos, reservando este momento para uma breve compreensão do cenário brasileiro diante das realidades apresentadas.

De uma forma simplória, pode-se dizer que cenário é o espaço, real ou virtual, onde a história se passa. Como exemplo tem-se: cenário cultural, cenário histórico, cenário econômico etc. Todavia, não se pode considerar apenas o cenário em si, mas é preciso atentar para a cenografia, visto que "nasceu não apenas com a finalidade de preencher um espaço ou enfeitar um ambiente, mas com o poder de comunicar em conjunto com os outros elementos" (RANGEL, 2010). Elementos estes "físicos e/ou virtuais que definem o espaço cênico, bem como todos os objetos no seu interior, como cores, texturas, estilos, mobiliário e pequenos objetos" (GERSAN, 2010), que podem ser facilmente identificados na Figura 1.4.

Fonte: Yano (2010).

Figura 1.4   *Exemplo de cenário – escritório do Google no Brasil.*

Assim, estudiosos se basearam no cenário como conhecemos, ou seja, derivado da arte, para trazer o termo para o campo das organizações. Logo se torna simples entender que o cenário organizacional é composto de um espaço físico com objetos típicos de empresas, como, por exemplo: mesas, cadeiras, *station works* (estações de trabalho), salas de uso da administração superior com os mais variados desenhos, pessoas que detêm responsabilidades as mais variadas e que permitem concluir por determinada sinopse (*briefing,* em inglês).

Nesse sentido, o cenário brasileiro difere fundamentalmente dos de outras sociedades. Admitimos uma certa semelhança no que diz respeito aos chamados objetos do seu interior, ou seja, composição física de móveis etc. Contudo, não podemos aceitar que o cenário das nossas organizações seja à semelhança dos cenários de outros países, quando temos de caracterizar a personagem ou as personagens tendo como base ou não perfis psicológicos das pessoas da organização. Para entender essa posição, basta pensar num cenário específico, pois enquanto alguns brasileiros acordam às 5 h e pegam três/quatro conduções para chegar às 7 h no trabalho, ainda assim correndo o risco de chegar atrasado devido ao trânsito e demais contingências, em outros países há profissionais de funções semelhantes que simplesmente pegam seus carros e chegam ao trabalho sem dificuldade alguma, não precisando de tantos cuidados logo cedo, o que tende a proporcionar um dia muito mais produtivo.

Por outro lado, não são poucas as vezes que se fala na disputa por profissionais brasileiros que vem ocorrendo no mercado, pois o famoso "jeitinho brasileiro" tem conquistado o mundo, e a explicação é muito simples, uma vez que este profissional foi criado dentro de uma realidade de incertezas, estando mais preparado para assumir riscos e lidar com situações adversas. Sem contar que, como todo latino, o brasileiro é passional, ou seja, muitas vezes toma decisões não se baseando apenas na razão, mas também na emoção, o que influencia diretamente na formação de seu cenário.

Entretanto, não são poucas as vezes em que multinacionais tentam impôr suas regras em cenários distintos e que acabam por não responder da maneira esperada. Portanto, é evidente que a adoção de fórmulas, propostas, sugestões, até mesmo tecnologias e teorias são e serão sempre bem-vindas. Afinal, estamos buscando caminhos já trilhados com sucesso por outras sociedades, e é o que devemos fazer, ou seja, assimilar, incorporar tais proposições, mas fazendo a indiscutível redução para a nossa sociedade, ou seja, fazendo as necessárias e indiscutíveis adaptações à nossa realidade.

Contudo, não é posssível concordar que a realidade do sistema fechado é a melhor opção, ou mesmo que a do sistema aberto se apresenta como uma solução ótima para qualquer problema. O fundamental é analisar cada cenário com muito cuidado e nunca esquecer a cultura em que se está atuando. Para tanto, existem inúmeras tecnologias, como veremos a seguir.

1.4 TECNOLOGIAS PARA ANÁLISE DE CENÁRIOS

> NOTA: Este tópico foi desenvolvido tendo como base nove pesquisas realizadas entre 2001 e 2010. Evidentemente que, além da experiência profissional dos autores, outros dados e informações foram coletados e aparecem ao longo do texto. De qualquer maneira, é importante informar que vamos nos fixar apenas nas ações de gestão organizacional, por ser esse o objetivo da presente obra.

Antes de conhecer as tecnologias para análise, é importante saber que a gestão organizacional tradicional é aquela que faz uso intenso das tecnologias direcionadas à estrutura organizacional. Assim, torna-se simples entender por que o organograma em todas as suas configurações (clássico, hierárquico-consultivo, por cargos e tantos outros rótulos) estava sempre presente, quer nas análises, quer em estudos de natureza global ou em pontos específicos da estrutura ou nas muitas projeções que visavam a um futuro de excelência.

De qualquer forma, outras tecnologias igualmente relevantes se mantêm presentes em análises de cenários organizacionais e podem e devem ser utilizadas. São elas apresentadas no Quadro 1.2:

Quadro 1.2 *Tecnologias para análise de cenários*

fluxogramas	quadros de distribuição do trabalho
manuais	gráficos

- fluxograma: instrumento ainda bastante utilizado, mas com objetivos rigorosamente diferenciados, ou seja, não mais limitados a um único processo, como foram durante décadas. Hoje, o fluxograma é parte da mais recente tecnologia e vem sendo de crescente utilização, porque é instrumento poderoso na gestão de processos, na medida em que é capaz de apresentar o fluxo da informação destacando quem e quais unidades estão envolvidas no processo e quais as atividades são pertinentes ao mesmo. Para fins de exemplificação, a Figura 1.5 apresenta a dinâmica do jogo *Chuck's Backyard Fun*, um projeto de um jogo de tiro ao alvo em 3D, o que certamente irá facilitar seu entendimento, por mais que não se goste desta modalidade, visto que o importante é entender a lógica do processo e a pertinência deste instrumento;

- manuais: ainda hoje largamente utilizados, permitem o alcance de resultados ótimos. Contudo, vêm sendo utilizados para usos que não podem ser considerados como instrumentos direcionados à elaboração e manutenção de sistemas integrados de gestão. Certamente, com a gestão de processos é bastante provável que o manual volte a ser um instrumento de uso em sistemas de integração;

- quadros de distribuição do trabalho: outrora um instrumento poderoso quando o propósito era o de distribuir adequadamente o trabalho em unidades determinadas, mas perderam força com a tecnologia da informação, via instrumentos de uso virtual que, de certa forma, tornavam sem sentido uma distribuição justa entre pessoas de uma mesma unidade de trabalho, por ser o trabalho agora realizado em muitas circunstâncias de forma virtual e de forma integrada entre as várias unidades da organização; e

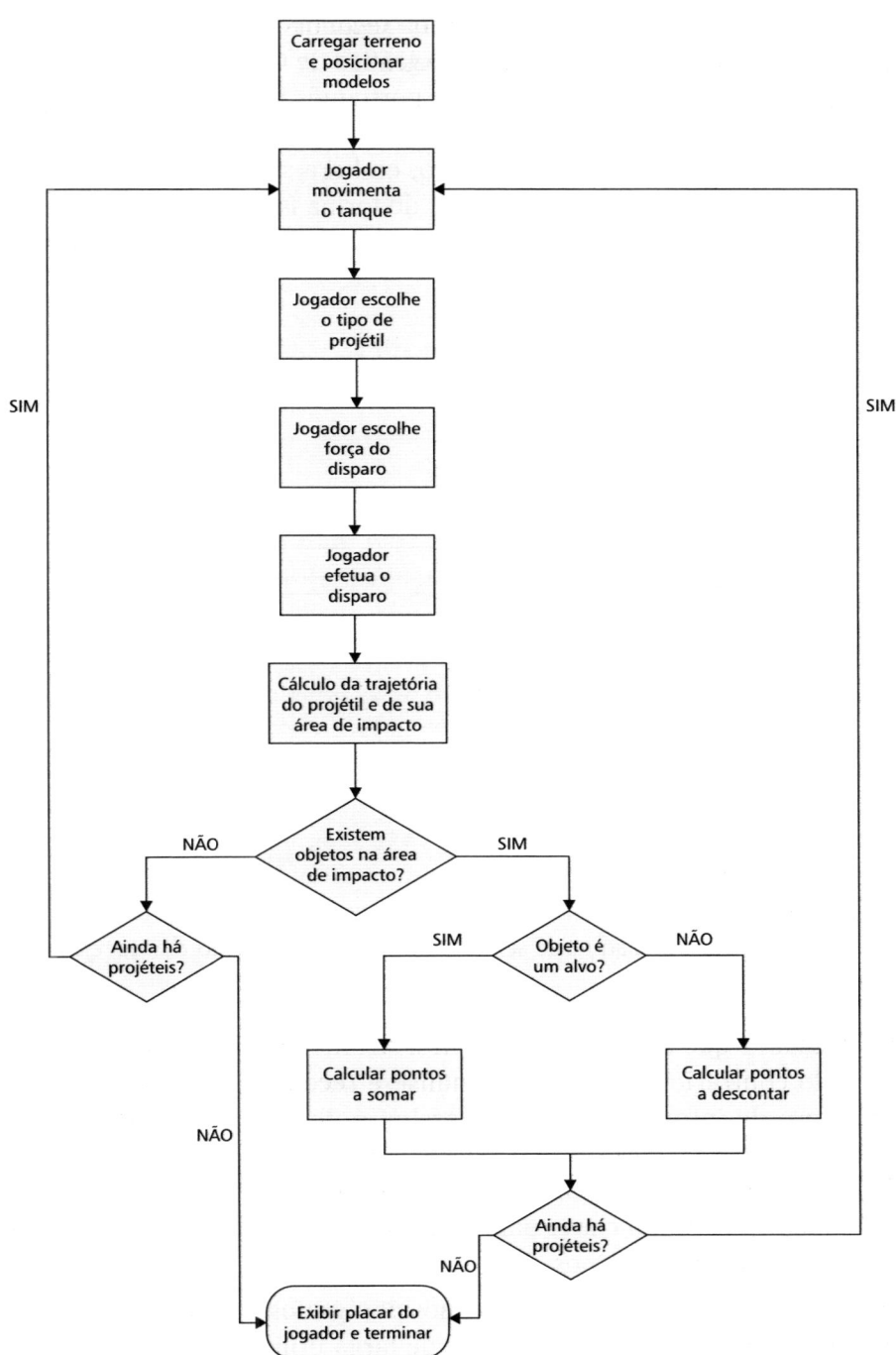

Fonte: PROJETO... (2010).

Figura 1.5 *Exemplo de fluxograma – Chuck's Backyard Fun.*

- gráficos de toda ordem: é hoje uma reconhecida característica dos estudos e análises organizacionais. O gráfico de Gantt (Figura 1.6) é o mais utilizado (154.000 aparições em português nos buscadores da Internet ou 1.680.000 como *Gantt chart* no idioma inglês. Isso no final de 2016). Demonstra ser o mais conhecido, embora seja utilizado, como os demais instrumentos mencionados, de forma isolada, sem a característica integradora, hoje uma esperada realidade no cotidiano de qualquer organização.

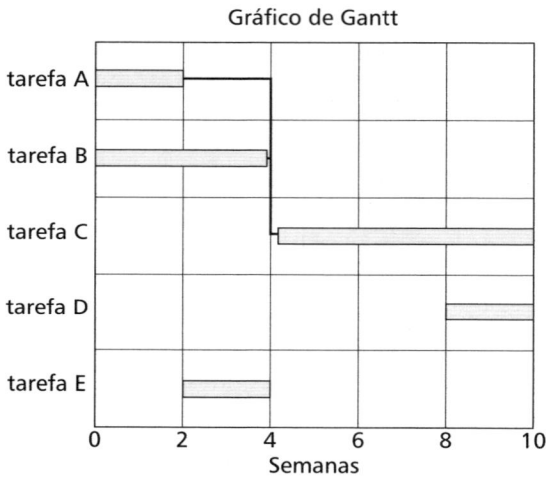

Fonte: SALADA... (2010).

Figura 1.6 *Gráfico de Gantt (a linha contínua na vertical e na horizontal indica que a tarefa C só pode ser iniciada após o término das tarefas A e B).*

Vale ressaltar que a utilização de um instrumento não exclui a adoção dos demais; pelo contrário, para fins de análise é recomendado o cruzamento do maior número de informações. Ainda assim, note que tais tecnologias foram criadas dentro do conceito de sistema fechado, numa época em que a gestão organizacional tradicional se fazia presente; logo, necessitam de adaptações na busca da integração, ponto-chave para o sucesso das organizações e já considerado pelos instrumentos modernos.

Dessa forma, o que foi apresentado nos parágrafos anteriores é apenas uma pequena demonstração dos instrumentos de larga utilização no passado e ainda bastante utilizado, mas que estão se integrando aos esforços modernizantes das organizações que pretendem sobreviver, crescer e se manter em nível de excelência e em condições de competitividade, além de forte presença no mercado.

Em outras palavras, a explosão relativamente recente de novas tecnologias determinou novos caminhos para as dinâmicas organizacionais, tendo algumas destas criado raízes e se firmado, como é o caso da Gestão pela Qualidade Total (GQT); enquanto outras, apesar da curta duração, deram a sua contribuição aos atuais meios e modos de se gerir uma organização tendo como base a gestão de processos. A reengenharia é um bom exemplo de tecnologia que chegou e desapareceu em muito pouco tempo.

Portanto, tanto a chamada GQT, que propõe uma melhoria contínua, ou seja, melhorar continuamente os processos existentes, quanto a reengenharia, que propõe que uma folha em branco seria o primeiro passo para uma nova organização onde os processos também começariam do zero, entendem que as organizações operam em sistema aberto; caso contrário, a modernidade tecnológica não encontraria amparo suficiente para ser aplicada integralmente.

FINALIZANDO

Esses incrementos de gestão que mobilizaram as organizações no fim do século passado trouxeram transformações importantes, de modo que muitas ainda estão sendo digeridas, ou melhor, compreendidas. Até as proximidades do final do século passado, os cenários organizacionais, no que diz respeito aos aspectos gerenciais, estavam alicerçados tão somente na existência de um bom organograma, ou seja, de uma boa estrutura organizacional e de rotinas bem realizadas individualmente, com manuais que davam o suporte necessário. Inclusive, na deficiência de ambos (organogramas e manuais), bastava um novo organograma, aumentando ou reduzindo unidades e novos manuais de acordo com as análises das rotinas realizadas com a ajuda de fluxogramas, o que não representa a realidade das organizações que atuam como sistemas abertos. Para entender isso, basta reler os parágrafos anteriores e irá perceber que deficiências identificadas não serão dirimidas com a aplicação desse ou daquele instrumental.

Convém mencionar a gigantesca contribuição da Tecnologia da Informação, hoje conhecida com o uso de duas letras, TI, e, em algumas organizações, com o uso de uma outra letra que traz consigo um enorme significado: nos referimos à *Comunicação*. Cenários organizacionais hoje são delineados considerando a introdução de uma nova fração organizacional, qual seja, a unidade de Tecnologia da Informação e Comunicação, que tem seu espaço definido como sendo o de toda a organização.

Mais uma vez, você, leitor, vai entender com a leitura das demais páginas que a gestão de processos veio para ficar e não se pode desconsiderar os valores das demais tecnologias mencionadas e que tiveram e ainda têm espaço no cotidiano organizacional.

ESTUDO DE CASO

Dany Louis é CEO (*Chief Executive Officer*) de importante multinacional do ramo industrial e, recentemente, foi transferido para o Brasil, mais especificamente para a cidade de São Paulo. Os primeiros dois meses foram para que ele fizesse as tradicionais abordagens de quem está chegando de um outro país. Ele conversou com cada um dos titulares das cinco diretorias longamente; reuniu-se uma vez com os gestores de primeiríssima linha e praticou algum português, idioma que ele considera quase impossível de se aprender. Enfim, nada diferente de tantos outros CEOs originados dos mais diferentes países.

Certo dia, se reúne com os gestores de primeira linha para uma reunião específica de trabalho. Item único da agenda: cenário organizacional, o que fazer?

Começou a reunião mostrando as diferenças entre o país dele e o Brasil; falou que no seu país existe uma preocupação permanente com as questões ambientais, inclusive, a intranet diariamente tece algum comentário que permite que o leitor-funcionário se remeta a questões sobre as quais a empresa tem de demonstrar algum interesse ou que tenha algo a observar e contribuir. É comum ver posições a favor e contra determinada ação do governo. E perguntou sobre isso, mas não esperou resposta, continuou a sua apreciação, afirmando que no seu país de origem há uma preocupação até excessiva com o ambiente que interessa à organização. Por exemplo, os gestores se reúnem sempre uma vez na semana para discutir sobre matérias publicadas nos três mais importantes jornais locais, ou seja, atuantes na cidade onde a empresa está sediada. Com frequência, as reuniões ultrapassam o horário de encerramento previamente concordado. Disse que iria abrir para pequenos debates, mas gostaria de encerrar essa primeira participação com um comentário sobre algo que ele achava curioso, mas que não tinha uma posição rigorosamente contrária: se referia ao hábito brasileiro de apertar mãos, dar tapinhas nas costas, das trocas de beijinhos entre mulheres. Tudo isso ele podia perceber dentro da própria organização e, repetindo, disse que não era contra, mas achava estranho, pois ele mesmo não conseguia agir da mesma maneira, ou seja, como um ser nativo. E, em seguida, disse que queria ouvir comentários de cada um.

Fosse você um gestor dessa empresa que pediu para expor seus comentários, lembrando que o CEO autorizou o tempo máximo de dez minutos para uma primeira intervenção, o que diria?

Nota: este caso é hipotético e qualquer semelhança com nomes de pessoas, localização, nomes de empresas será, rigorosamente, mera coincidência.

QUESTÕES PARA DEBATE

1. Sistema fechado é facilmente identificado quando a empresa praticamente se nega a debater questões de outras empresas, principalmente as concorrentes. Certo? Errado? Justifique sua resposta.

2. Que anomalias podem ser identificadas em organizações que atuam de uma forma fechada? Cite e explique com suas palavras ao menos duas.

3. Diante de tantas anomalias, por que algumas organizações insistem em atuar de forma fechada? Faça uso de um exemplo para argumentar.

4. Sistema aberto, diferentemente do sistema fechado, é facilmente identificável quando na empresa são frequentes as reuniões para debates de assuntos de natureza nitidamente ambiental. Certo? Errado? Justifique sua resposta.

5. Defina com suas palavras no que consiste o cenário e qual a sua origem.

6. Com relação aos cenários organizacionais, qual sua influência no modelo de gestão adotado pelas organizações. Este influencia ou não? Por quê?

7. As empresas no Brasil atuam de forma fechada ou aberta? Argumente com base num exemplo.

8. Como você vê as unidades de TI nas organizações que conhece? Existe um padrão de atuação ou não? Isso ajuda a gestão de processos?

9. Fluxograma de uma única rotina pode ser considerado como gestão de processo? Sim ou não? Por quê?

10. Em que realidade a gestão de processos se adequaria melhor: no sistema aberto ou no sistema fechado? Por quê?

REFERÊNCIAS

GERSAN feiras e eventos. In: *Cenografia para eventos*. Disponível em: <http://www.gersan.com.br/service.html>. Acesso em: 13 jul. 2010.

KATZ, Robert L.; KAHN, Daniel. *Psicologia social das organizações*. São Paulo: Atlas, 1987.

PROJETO de um jogo 3D – computação gráfica. Disponível em: <http://www.dca.fee.unicamp.br/courses/IA725/1s2006/projeto/g5/v3/versao00.html>. Acesso em: 24 ago. 2010.

RANGEL, Natali. *Uma abordagem histórica da cenografia*. 11 fev. 2010. Disponível em: <http://www.webartigos.com/articles/32508/1/Cenografia-virtual-conceitos-e-viabilidades/pagina1.html>. Acesso em: 25 jun. 2010.

REZENDE, Denis Alcides; ABREU, Aline França de. *Tecnologia da informação aplicada a sistemas de informação empresariais*: o papel estratégico da informação e dos sistemas de informação nas empresas. 3. ed. São Paulo: Atlas, 2003.

SALADA de números: os gráficos de Henry Gantt. Disponível em: <http://saladadenumeros.blogspot.com/2008/07/os gráficos-de-henry-gantt.html>. Acesso em: 24 ago. 2010.

YANO, Célio. Brasil é o país em que Google mais sofre censura. In: EXAME.com. 20 abr. 2010. Disponível em: <http://www.centroanastacia.com/Jornaldigital/images/escritório-3.jpg>. Acesso em: 24 ago. 2010.

2

Processos

Sendo objetivo primordial desta obra trabalhar a gestão de processos, este capítulo tem o intuito de explicar não apenas a evolução das propostas de entendimento dos processos que compõem a organização, mas seu conceito, tipos e características fundamentais que contemplam este "personagem" fundamental no novo modelo de gestão ora abordado, para enfim trabalhar as técnicas de modelagem amplamente difundidas no mercado de trabalho e a proposta do escritório de processos, que reforça a complexidade deste modelo de gestão.

2.1 EVOLUÇÃO DAS PROPOSTAS

Difícil falar em processos sem falar em administração. Aliás, difícil mesmo é falar em administração sem falar em Taylor, o pioneiro. Todavia, entenda que este tópico não pretende se aprofundar ou idolatrar pensadores e filósofos, mas sim mostrar como os processos evoluíram. E mais, como os estudos dos processos foram sendo refinados.

Que o princípio fundamental da administração é a divisão do trabalho e que para termos uma organização são necessárias duas pessoas, podendo dessa forma aplicar o princípio ora apresentado, ninguém discute. Contudo, ao tentar saber quando exatamente a administração começou na prática, poucos se arriscam a delimitá-lo, de modo que dificilmente conseguiríamos definir qual de fato foi o primeiro estudo que contribuiu para o tema processos.

Porém, é senso comum que a administração como ciência começou com os estudos de Frederick Winslow Taylor em 1911. Como engenheiro, Taylor fez uso de sua experiência na linha de montagem para buscar a eficiência nas tarefas, ou melhor, otimizar a utilização de recursos aumentando a produção e consequentemente o lucro, sendo neste aspecto sua grande contribuição aos estudos dos processos.

Assim, diante de uma sociedade pós-revolução industrial, em que os métodos de trabalho artesanais aos poucos davam espaço às grandes indústrias com métodos padronizados, foi que Taylor difundiu suas ideias e criou a Organização Racional de Trabalho (ORT), com "o objetivo de substituir os sistemas tradicionais por estruturas burocráticas que garantissem a funcionalidade e eficiência do processo produtivo" (ARAUJO, 2011).

A proposta pode parecer simplória, na medida em que faz uso do estudo dos tempos e movimentos, dividindo o trabalho por tarefas, preparando o trabalhador para executar a mesma de forma especializada, possibilitando a produção de mais com menos. Em outras palavras, "Taylor determinou padrão para requisitos físicos dos funcionários e tempo padrão para realização das tarefas" (LODI, 2003), de modo que o tempo de produção diminuiria e o resultado cresceria de forma significativa. Todavia, o resultado proporcionado era e ainda é realmente surpreendente, não sendo por acaso que Henry Ford, seu contemporâneo, fez uso de suas ideias "desenvolvendo e aperfeiçoando o sistema de trabalho em linhas de montagem" (MOTTA, 2004), idealizando assim o conceito de produção em massa utilizado ainda nos dias de hoje.

O grande problema é que estamos falando de uma proposta apresentada na sociedade pós-revolução industrial, onde o número reduzido de indústrias fazia com que as pessoas não tivessem alternativas. Ford chegava a ironizar falando que, caso alguém quisesse ter um carro, que este seria preto, e assim as organizações trabalhavam o mercado que tinha necessidades, mas que não apresentava grandes exigências e muito menos considerava o personagem cliente neste processo.

Hoje a realidade é outra com certeza. Difícil encontrar pessoas que adquiram produtos sem uma pesquisa breve em *sites* de diversas organizações. Se for eletrônico então, pior ainda, pois as diferenças são tão sutis que muitas vezes tornam a pesquisa prévia fundamental na decisão. Assim, as organizações não só passaram a ter que trabalhar com concorrentes, como também com clientes altamente exigentes e cada vez mais conscientes de seu poder nesta relação. Neste sentido a questão é: como trabalhar este novo cenário?

> já não é mais necessário ou desejável para as empresas organizarem o seu trabalho em torno da divisão do trabalho de Adam Smith. No atual mundo de clientes, concorrência e mudanças, as atividades orientadas para a tarefa

estão obsoletas. Em seu lugar, as empresas precisam organizar seu trabalho em torno dos processos (HAMMER, 1994).

Foi na década de 1970 que o Japão – fruto das dificuldades que enfrentara pelo pós-guerra: escassez de recursos naturais e financeiros e falta de espaço – deu início a esta nova era, produzindo automóveis melhores, com maior qualidade e com menor custo. A proposta denominada de Gestão pela Qualidade Total (GQT) tinha como filosofia a busca incessante pelo zero defeito, em que se acreditava que a qualidade deveria estar em todas as etapas do processo e não apenas no produto final. Assim descobriu-se que era possível evitar o desperdício, reduzindo os níveis de estoques e diminuindo o custo de produção.

Note, contudo, que por mais semelhante de Taylor esta proposta possa parecer, neste momento a otimização na utilização dos recursos e a busca pela qualidade total são preocupações, na medida em que há clientes exigentes e um mercado de concorrência acirrada. Tanto que a ideia é que erros humanos não devem ser tolerados, devendo cada um ser responsável pelo seu trabalho para que o resultado atingido seja de fato de excelência.

Para tanto, um fator relevante para o sucesso de tal proposta foi o uso da automação, que permitiu reduzir os erros operacionais e interromper o processo produtivo caso algum problema fosse detectado ou caso fosse identificada a possibilidade de melhora na linha de montagem. Digamos que neste caso a utilização de equipamentos tornou o processo muito mais preciso, o que facilitou de certa forma seu controle. Para entender isso, vale questionar a importância de instrumentos como planilhas de resultados. Por que cada dia mais as organizações e nós mesmos fazemos uso deste tipo de sistema para controlar processos?

Não obstante, vale destacar que W. Edwards Deming e Joseph M. Juran são os autores mais citados em estudos relacionados à qualidade. Juran, em função de sua contribuição do ciclo PDCA (*Plan* – Planejar, *Do* – Executar, *Check* – Controlar, *Act* – Agir), instrumento empregado para planejar e incorporar as melhorias de processo continuamente na organização.

Fonte: Duarte (2010).

Figura 2.1   *Ciclo PDCA.*

Por outro lado, os 14 princípios da qualidade de Deming (1990), apresentados no Quadro 2.1, enfatizam não só a qualidade, mas as características que asseguram a satisfação do cliente na entrega do produto e dos serviços associados. De modo que auxilia profissionais da busca da excelência neste novo, incerto e conturbado cenário.

Ainda assim, se a partir da formalização dos conceitos propostos pela GQT foi difundida nas organizações a análise sob a visão de processos, este foi apenas o primeiro passo do longo caminho que ainda percorreremos para eliminar algumas das consequências da estrutura funcional. Aliás, há quem diga que o verdadeiro esboço da gestão de processos surgiu apenas na década de 1990, inicialmente pelos trabalhos realizados por Michael Hammer, que receberam um notável destaque de Rozenfeld (2010), que disse "o motivo pelo qual as organizações atualmente enfatizam o trabalho com processos é consequência da Reengenharia".

Quadro 2.1   *Os 14 princípios da qualidade*

	Os 14 princípios de Qualidade de Deming
1	estabeleça constância de propósitos para melhora do produto e do serviço;
2	adote a nova filosofia;
3	deixe de depender da inspeção para atingir a qualidade;
4	cesse a prática de aprovar orçamentos com base no preço; ao invés disso, minimize o custo total;
5	melhore constantemente o sistema de produção e serviços;
6	institua o treinamento no local de trabalho;
7	institua a liderança;
8	elimine o medo (crie a cultura onde você possa falar);
9	elimine as barreiras entre os departamentos;
10	elimine lemas, exortações e metas para mão de obra que exijam nível zero de falhas e estabeleçam novos níveis de produtividade;
11	elimine os padrões de trabalho (quotas) na linha de produção;
12	remova as barreiras que privam a força de trabalho de seu direito de orgulhar-se do seu desempenho;
13	institua um forte programa de educação e autoaprimoramento; e
14	engaje todos da empresa no processo de realizar a transformação.

Portanto, antes de prosseguir com a origem da gestão de processos propriamente dita, vale esclarecer que o termo *reengenharia* surgiu inicialmente nos Estados Unidos a partir da publicação de um artigo de Michael Hammer, sendo reforçado posteriormente por outro artigo do autor em coautoria com Champy publicado em 1993. Esta obra chamou a atenção empresarial por prometer mudanças radicais e ganhos drásticos no desempenho das organizações, como demonstra a definição em destaque, abaixo.

> Reengenharia é o repensar fundamental e a reestruturação radical dos processos empresariais que visam alcançar drásticas melhorias em indicadores críticos e contemporâneos de desempenho, tais como custos, qualidade, atendimento e velocidade (HAMMER, 1998).

Com essa proposta, os autores pregavam a ideia de começar de novo, começar do zero, redesenhar os processos a partir de uma folha em branco, pois acreditavam que só uma ruptura poderia trazer ganhos consideráveis. Nada de aproveitar processos. Segundo Hammer e Champy (1994), a geração de resultados só aconteceria após a organização repensar sua forma de trabalho, que até então estava defasada e necessitava de maior agilidade.

Entretanto, vale salientar que, como destaca Gonçalves (2000a), trabalhar com processos requer certo grau de maturidade, visto que processos envolvem pessoas com seu tempo de aprendizagem; procedimentos robustos o suficiente para garantir a credibilidade de quem os executa. Aliás, outro ponto importante é a familiaridade das pessoas com esta tecnologia, tendo em vista que todos os envolvidos deveriam ter a confiança e a garantia de que a reengenharia seria útil e traria ganhos.

Ainda assim, para entender a origem da reengenharia e consequentemente da gestão de processos, vale retornar à década de 1980 para avaliar os resultados de produtividade *versus* os investimentos realizados em Tecnologia da Informação (TI). Enquanto os EUA e o Japão investiam, proporcionalmente, menos em TI e estavam obtendo resultados expressivos no setor de manufatura, nos EUA, especificamente, as ofertas de emprego cresciam e eram grandes os investimentos em TI, mas os resultados em termos de produtividade eram pouco expressivos.

Neste momento, a não compreensão da organização de seus processos de negócio era fruto da visão departamental herdada de estudiosos clássicos que dividiam a organização em unidades, como na Figura 2.2. Dessa forma, a ausência da visão horizontal, por processos, "fazia com que a automatização das atividades ou tarefas fosse inócua se o processo de trabalho não fosse repensado" (JOIA, 1994).

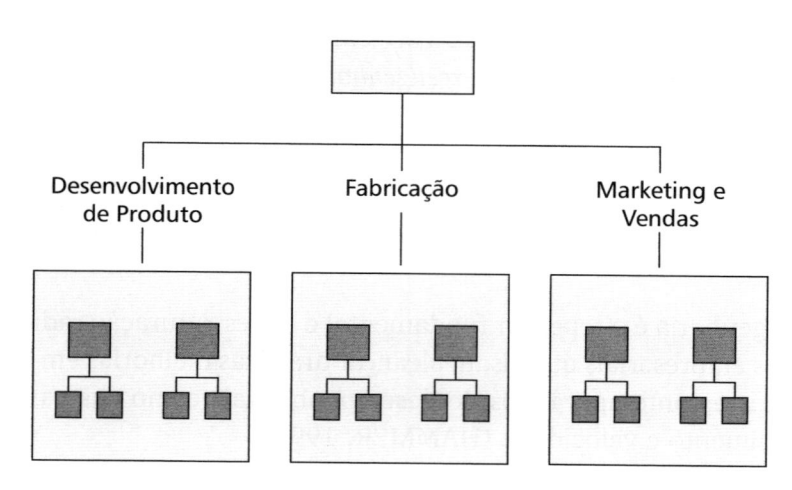

Fonte: Davenport (1994) com adaptação dos autores.

Figura 2.2   *Visão funcional.*

Note, contudo, que a questão principal era descobrir o porquê de a automatização não estar gerando os resultados esperados. E a resposta era simples, pois a mentalidade compartimentalizada gerava uma visão equivocada da organização, causando problemas com muitas unidades envolvidas num mesmo processo, existência de atividades que não agregavam valor, sistemas de informação inadequados, atividades ou tarefas redundantes etc.

Em outras palavras, estava evidente que a organização precisava entender e saber o que demandar da TI, pois só assim esta poderia exercer seu papel de suporte e apoio aos processos de negócio da organização. Para tanto, o alinhamento estratégico entre TI e o negócio era essencial, ao passo que a utilização da tecnologia disponível sobre o estado atual da organização, sem nenhuma avaliação e ajuste, trazia o efeito reverso aos objetivos iniciais traçados.

Nesse contexto, em que se incitava as organizações a um processo de mudança a fim de atender a clientes mais exigentes e mais bem informados, as empresas foram colocadas num ciclo muito rápido de mutação, onde as que não acompanharam essas demandas tornaram-se obsoletas, pois foram incapazes de adotar e usar as novas tecnologias como instrumento de vantagem competitiva.

Portanto, como bem destaca Hammer (1998), a justificativa para a reengenharia era clara, pois a TI disponível na época requisitava uma estrutura ou organização própria para poder gerar seus frutos com pleno potencial, e que, certamente, não era uma estrutura organizacional criada antes do advento desta nova tecnologia.

Trocando em miúdos, era necessário "questionar o que era feito, de que maneira faziam e por que, partindo de necessidades estratégicas bem definidas" (RUMMLER; BRACHE, 1994). Essa postura demonstra que, conhecendo o processo, é possível estabelecer as atividades necessárias para atingir os resultados esperados, eliminando excessos e gargalos, permitindo a organização agregar maior valor. Entretanto, na prática não é tão simples como parece, e isso se tornará claro ao longo do texto.

Aliás, para iniciar esta temática, vale perguntar se você conseguiria definir no que consiste um processo. Para facilitar, faça uso de exemplos cotidianos, como ir para a faculdade, fazer compras no supermercado, ir à sua loja preferida ou mesmo ir para uma balada, *night* ou noitada, se preferir.

Portanto, após escolher o exemplo, tente delimitar as atividades que deverão ser feitas, as pessoas envolvidas e o tempo necessário para cada atividade. Assim, após coletar tais informações, atente para a forma como o resultado de uma atividade pode impactar as demais. Por exemplo, uma atividade que deve estar incluída na maioria dos casos expostos é a verificação da disponibilidade financeira para aquele processo, pois certamente esta irá conduzi-lo.

Para exemplificar, imagine que seu cartão de crédito não está disponível e ninguém pretende ajudar você a pagar a conta do supermercado, por exemplo; logo, é necessário verificar de quanto dispõe, quais as prioridades ou até mesmo se a compra não pode esperar mais uns dias, ou, como costumamos dizer, "aguardar virar o mês", o que mudaria o processo de maneira radical. E é exatamente isso que acontece nas organizações, muitas vezes são necessárias mudanças, sejam estas radicais ou não, seja por falta de verba ou por atrasos, mas que geram inúmeras pendências que podem vir a prejudicar organizações e pessoas. Assim sendo, para que você entenda os processos de uma forma mais ampla, leia com atenção o tópico seguinte que trabalha seu conceito.

2.2 CONCEITO

É inevitável que, ao trabalhar tanto os sistemas fechados, como, principalmente, os abertos, alguns aspectos dos processos tenham se tornado evidentes no Capítulo 1. No entanto, a compreensão plena desta nossa temática é fundamental para que se possa trabalhar sem equívocos este tipo de gestão. Portanto, após pensar nos exemplos sugeridos, como você, leitor, definiria processos? Saiba que é muito importante registrar sua percepção antes de prosseguir na leitura.

Agora que já conseguiu delimitar a sua concepção do termo, vale analisar a visão de Oliveira (1996), por exemplo, pois segundo o autor processo é um conjunto de atividades sequenciais que apresentam relação lógica entre si, com a finalidade de atender e, preferencialmente, suplantar as necessidades e expectativas no plano interno e externo (dos clientes).

Ainda assim, outra definição deve ser considerada, pois consiste numa "ordenação específica das atividades de trabalho no tempo e no espaço, com um começo e um fim, com entradas (*inputs*) e saídas (*outputs*) claramente identificados" (DAVENPORT, 1994).

Em adição, Gonçalves (2000b) define processo como qualquer atividade ou conjunto de atividades que toma um *input*, adiciona valor a ele e fornece um *output* a um cliente interno específico. Percepção esta que ressalta mais um aspecto relevante, pois o processo busca fazer "o todo maior que a soma das partes". Nesse sentido, "a maioria dos processos inclui várias funções abrangendo o espaço em branco entre os quadros do organograma" (RUMMLER; BRACHE, 1994), ou seja, inclui a integração já mencionada no Capítulo 1.

Neste momento, vale retomar suas anotações e verificar se sua percepção difere do que foi apresentado, antes de checar nossa definição. Assim sendo, com base nas definições apresentadas, podemos concluir que processo é um conjunto sequenciado de atividades formadas por um conjunto de tarefas (Figura 2.3) elaboradas com o objetivo de gerar um resultado que surpreenda o cliente.

Vale lembrar – e veremos isto adiante, nos tópicos técnicas de modelagem e estratégias organizacionais, porém sob perspectivas distintas – que, do ponto de vista macro, os processos são as atividades-chave necessárias para administrar ou operar uma organização. Desta forma, um macroprocesso ou processo pode ser subdividido em subprocessos, que são inter-relacionados de forma lógica.

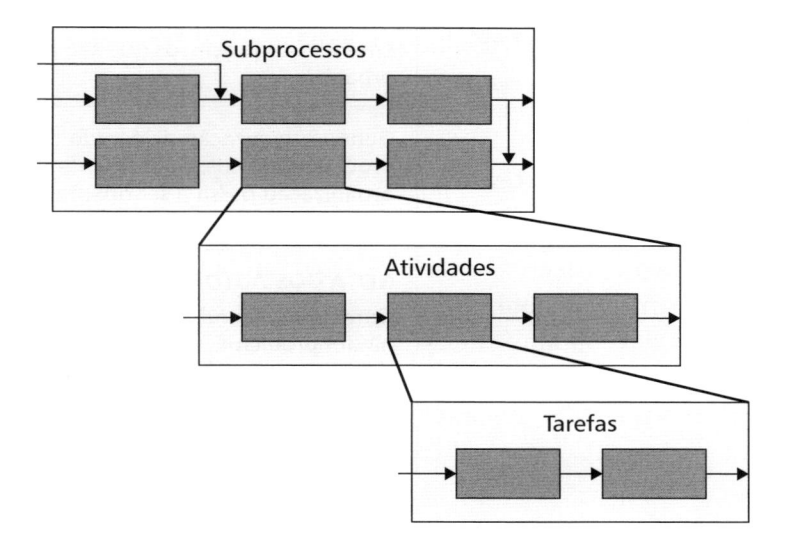

Fonte: Harrington (1991) com adaptação dos autores.

Figura 2.3 *Hierarquia dos processos.*

Não obstante, deve-se saber que todo macroprocesso ou subprocesso é composto por um determinado número de atividades que acontecem dentro de cada um dos processos. Essas atividades são as ações necessárias para produzir um resultado em particular, que, dependendo da complexidade do macroprocesso ou processo, podem ser divididas em tarefas que corresponderão ao passo a passo para realização de cada atividade. No entanto, embora a maioria das organizações ainda esteja estruturada funcionalmente, seus processos permeiam entre os departamentos, seções, setores, ou seja, horizontalmente. Nesse caso, como é possível gerir tais processos? É sobre essa questão que o próximo tópico irá tratar.

Contudo, antes de prosseguir na leitura, é fundamental que uma ressalva seja feita, pois, ao tentar traduzir a expressão *process management*, duas formas, que representam propostas distintas, vêm sendo abordadas. Trata-se da "gestão por processos" e "gestão de processos", que acabam por gerar alguns questionamentos. Portanto, a fim de evitar interpretações equivocadas de ambas as propostas, leia com atenção o Quadro 2.2.

Quadro 2.2   *Gestão de processos × gestão por processos*

Proposta	Tradução	Descrição
Process Management	Gestão **de** processos	Representa um tipo de gestão específica, no caso, a gestão de processos, onde se busca entender os processos que são geridos pela organização.
	Gestão **por** processos	Gerir a organização de acordo com os seus processos críticos, basicamente. Em suma, a organização passa a ser orientada por seus processos.
		NOTA DOS AUTORES **Contudo, entendemos que, na realidade,** há um problema na tradução. Em inglês a ÚNICA expressão é *process by management*. As descrições acima mostram uma tendência no Brasil, apenas uma tendência. Portanto, sugerimos o uso de *gestão de processos* por ser o mais utilizado, haja vista a busca que fizemos no Google, hoje líder dos buscadores com mais de oito bilhões de páginas.

2.3   VISÃO FUNCIONAL × GESTÃO DE PROCESSOS

Independentemente de qual serviço ou produto a empresa ofereça, ou qual tamanho ela tenha, ou ainda se é pública ou privada, todas estão atreladas a processos, seja ele adequado a partir de práticas do mercado, ou gerado e aperfeiçoado na própria organização. Todavia, tais atividades não acontecem isoladamente, mas sim permeiam as unidades organizacionais envolvendo responsabilidades diversas, como demonstra a Figura 2.4, que, diante de processos que envolvem, por exemplo, três unidades (desenvolvimento de produto, fabricação e marketing e vendas), apresentam a organização de uma forma diferenciada, o que gera grandes questionamentos.

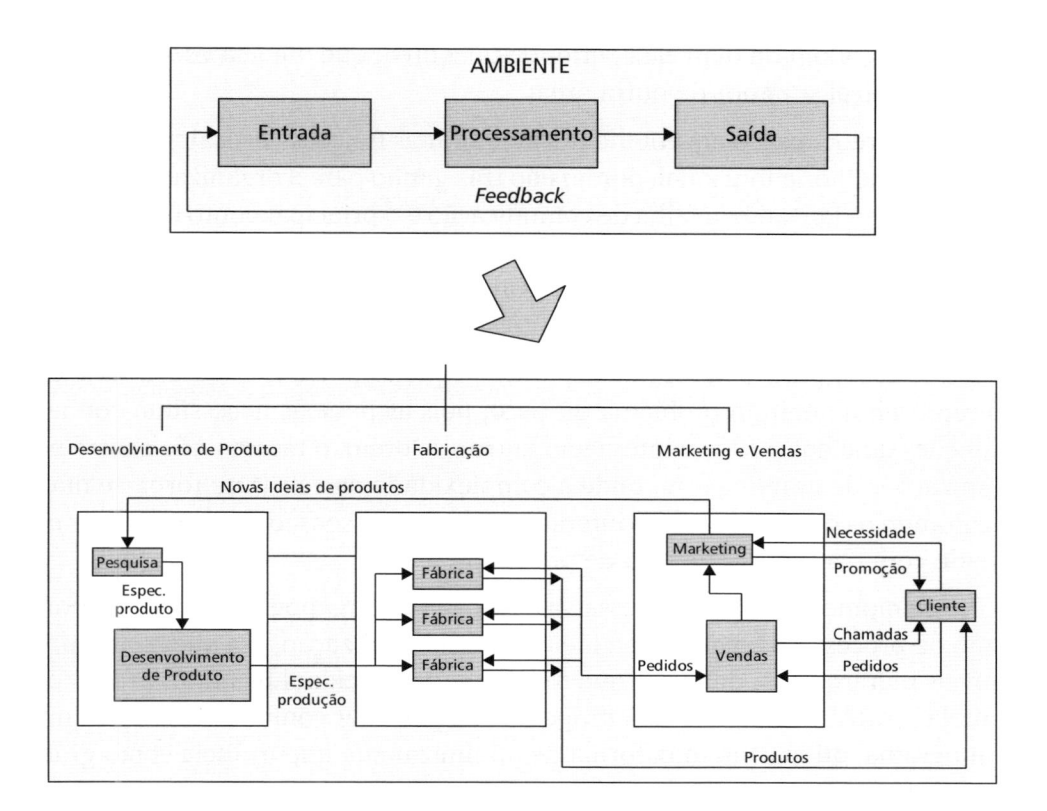

Fonte: Rummler e Brache (1994) adaptada pelos autores.

Figura 2.4   *Processos × visão por processos*.

O fato é que, ao enxergar a organização de uma forma diferente não departamentalizada, como acontecia sempre num passado não tão distante, ou seja, enxergar unidade a unidade, passa-se a ter certa dificuldade de saber onde começa e onde termina a responsabilidade de cada unidade. Por outro lado, com a visão funcional, tem-se o problema da promoção da mentalidade de silo (o mesmo que construção impermeável, sem contato externo, portanto), e nas organizações seria cada função trabalhando dentro de seu departamento sem nenhum tipo de interação, gerando, segundo Rummler e Brache (1994), diversas distorções, a saber:

- os gerentes tendem a ter uma visão funcional e vertical de suas organizações, o que faz com que o gerenciamento também seja feito dessa forma;
- os gerentes de mesmo nível tendem a perceber as funções do colega como inimigas e não como aliadas;
- a falta de interação entre os silos dificulta a efetividade na resolução de conflitos. O que poderia ser resolvido numa interação entre áreas é re-

passado para o nível superior de uma área, que por sua vez o passa para o nível superior de outra área;
- a preocupação em entender e melhorar as funções verticalmente garante a melhoria funcional, porém não traz ganho para a organização como um todo. Portanto, a falha de comunicação é o principal ponto de atenção da organização estruturada funcionalmente, pois as informações têm uma boa fluência entre os silos verticais, ou seja, para cima e para baixo e não há facilidade que permita a fluência das informações horizontalmente.

Neste caso, para uma organização de pequeno porte a estrutura funcional não representa nenhum problema ou risco, pois as pessoas necessitam conhecer as funções uma das outras e interagem entre si. Porém, o mesmo não ocorre para organizações de grande porte, onde a complexidade na estrutura torna-se maior, dificultando o conhecimento e a interação entre as pessoas, o que poderia ser contornado com o auxílio da gestão de processos.

Nesse momento, vale uma ressalva a respeito do organograma, pois, embora a gestão de processos trabalhe uma ideia de horizontalização, em que "se reduzem os níveis hierárquicos, de modo que todo o corpo funcional fica mais próximo da clientela" (ARAUJO, 2011), esta proposta não pode ser confundida com o fim do organograma, ou mesmo uma forma de minimizar sua importância como gráfico representativo da estrutura formal da organização.

O fato é que, da mesma forma que "não se pode avaliar ou mesmo extrair os processos de negócio de uma organização através da análise do organograma existente" (GONÇALVES, 2000a), também não é possível mostrar os agrupamentos feitos e os relacionamentos verticais sem esse instrumento. O que demonstra que de fato o organograma ainda tem sua importância, entretanto não tanto quanto no passado, quando era instrumento praticamente único de análise e ação organizacional.

Atualmente pode-se dizer que ele acabou perdendo certo espaço por ser uma representação estática e não refletir rapidamente as mudanças do ambiente. Isso significa que atitudes empresariais empregadas no passado, como o *downsizing*, para enfrentar as crises, não são mais suficientes. Na verdade, as organizações aos poucos estão caminhando para a amplitude da gestão de processos, o que poderá trazer como alguns dos resultados a redução dos níveis hierárquicos.

Assim, com o foco no cliente, a melhoria contínua dos processos seria facilitada. Porém, tentar analisar todos os processos que acontecem numa organização pode ser inviável. Sendo assim, como definir os processos que serão considerados para fins de análise? Quais os tipos de processos que existem? Calma, prossiga a leitura e verá algumas soluções alternativas.

2.4 TIPOS DE PROCESSOS

Apesar de muitas empresas saberem da importância de se organizar por processos, não são poucas aquelas que apresentam dificuldade em iniciar esse procedimento. O problema é que não há reestruturações sem impactos significativos, e, como destaca Gonçalves (2000a), as empresas que adotam a visão funcional precisam ser redesenhadas para poderem funcionar na visão voltada a processos, sendo necessário repensar as formas de reestruturação.

Em síntese, uma reestruturação baseada em processos necessita primeiramente de um entendimento dos processos essenciais da organização, ou seja, clareza no propósito de sua existência e conhecimento de sua situação corrente. Para tanto, não se esqueça de que o detalhamento do trabalho realizado compreende conhecer quais os responsáveis envolvidos, quais informações são necessárias e o que é gerado. Tudo isso deve ser levantado com o processo em andamento e tendo bem clara a distinção dos processos de negócios e dos de gestão, pois a organização não pode parar.

Antes de entender os tipos de processos que existem, vale retomar o seu exemplo cotidiano, pois é natural que ao descrever a ida à sua loja preferida, por exemplo, não leve em consideração algumas atividades, como a escolha da roupa para sair, o meio de transporte e sua disponibilidade, se há greve ou não, se a rua está alagada ou não; enfim, muitas vezes não considera aspectos que influenciam indiretamente o alcance dos objetivos, colocando os mesmos num segundo plano, o que facilita o planejamento, mas coloca em risco seu êxito.

Nesse sentido, como bem destaca Harrington (1991 apud GONÇALVES, 2000b), é importante identificar quais processos justificam a existência na empresa e quais processos os suportam (Figura 2.5). Nesse ponto é importante ressaltar que, para ter um entendimento global, ou, em outras palavras, organizacional, vale a pena uma boa leitura no capítulo Estratégias Organizacionais.

Em suma, os processos que justificam a existência da empresa podem ser classificados como processos de negócio ou essenciais, como veremos mais adiante neste livro; atividades de apoio, sendo estas as responsáveis por atender o cliente externo, entregando os produtos ou serviços requisitados.

Já os processos de gestão ou suporte, ou atividades de apoio, como o nome diz, dão apoio aos processos de negócio ou essenciais, são focalizados na organização e não no cliente, e têm como responsabilidade viabilizar a estrutura necessária para que os processos essenciais funcionem. Em outras palavras, trata-se de todos os processos que influenciam de forma indireta o resultado, tendo em vista que somente foco no cliente não garante a rentabilidade ou até mesmo a sobrevivência da empresa.

PROCESSOS { DE NEGÓCIO OU ESSENCIAIS (justificam a existência da empresa)
DE GESTÃO OU SUPORTE (dão suporte) }

Figura 2.5 *Tipos de processos*.

Portanto, não se pode esquecer que tais processos influenciam o resultado e, por isso, precisam ser considerados também. Para facilitar o entendimento vale trazer esta realidade para o âmbito organizacional, pois caso o objetivo qualidade ou quantidade não seja alcançado, para o cliente pouco importa onde foi o problema, se de um aspecto diretamente relacionado ao resultado ou não. E é por meio desta identificação que o gestor pode aperfeiçoar seu poder de decisão, sabendo qual será a prioridade da organização, identificando onde deverá realizar investimentos, ou onde deverão ocorrer mudanças.

Em suma, "as empresas são grandes coleções de processos" (GONÇALVES, 2000b), o que em outras palavras quer dizer que tudo o que realizamos dentro de uma organização está relacionado a um processo, independentemente de sua complexidade, seja extrair petróleo através de uma plataforma ou simplesmente fazer o cafezinho. Logo, na organização voltada para processos, todos têm uma visão ampla. É o oposto do que ocorreu na Revolução Industrial, que pregava a especialização e o foco específico. As organizações orientadas para processos dizem "veja o quadro maior e tenha um foco mais amplo" (HAMMER, 1998). Para tanto, são as técnicas denominadas de modelagem que irão auxiliar esta operacionalização, como será visto a seguir.

2.5 TÉCNICAS DE MODELAGEM

Enfim, é chegada a hora de operacionalizar os processos para que possamos geri-los, ou seja, precisamos desenhar o processo, fazer sua representação gráfica, tornando o mesmo passível de análise. Como exercício, retome o exemplo das compras de supermercado e tente representá-lo graficamente, mesmo que ainda não tenha muito conhecimento do assunto, pois depois poderá analisar o que fez segundo as propostas técnicas.

Note que ao fazer a tentativa é natural surgir a necessidade de padronizar passos, de modo a garantir a integração dos processos com o compartilhamento de informações. Em outras palavras, somente após esta etapa é possível acompanhar uma transação de ponta a ponta, acelerando o conhecimento do fluxo de informações.

Portanto, dizemos que, para que todas as informações estejam disponíveis num mesmo local com um mesmo formato, o primeiro passo é empregar um padrão de notação. Para tanto, atualmente existem no mercado muitas técnicas de modelagem, que têm como proposta a representação dos processos através de modelos gráficos, algumas mais completas e de fácil entendimento, outras mais complexas e menos utilizadas. A seguir, descrevemos as técnicas mais conhecidas e difundidas nas organizações atualmente.

2.5.1 BPMN (*Business Process Modeling Notation*)

O BPMN é um padrão de notação que foi desenvolvido inicialmente pelo *Business Process Management Iniciative* (BPMI) e publicado no ano de 2004, tendo sido criado por representantes de empresas como Pega, Ônix, iGrafx, IBM e Lombardi. No ano seguinte, o BPMI se fundiu com a OMG (*Object Management Group*), associação aberta e não lucrativa responsável por desenvolver padrões para a indústria de *software*.

A proposta tem dois objetivos principais, segundo BPMN (2008). São eles: (1) suprir a lacuna entre o desenho de processos e sua implementação e (2) ser intuitivo e facilmente compreensível por todos os públicos: usuários, analistas de processos, técnicos, clientes e outros públicos, tarefa esta nada simples.

Para tanto, a técnica é composta por um único diagrama, o *Business Process Diagram* (BPD), ou Diagrama de Processo de Negócio, que pode ser usado de forma mais simples, mas com elementos para representar comportamentos mais complexos dos processos. Sendo assim, para a modelagem utilizando a técnica de BPMN, o processo pode representar um conjunto de atividades ou a atividade em si, estas pertencentes a uma ou diversas organizações, condição esta que torna possível realizar o mapeamento dos seguintes tipos de processos:

- processos internos: aqueles realizados dentro das organizações;
- processos abstratos: pertencentes a entidades externas onde há uma interação entre o processo mapeado. Neste caso sabe-se que há uma interação, entretanto seu detalhamento não faz parte do escopo de mapeamento, fazendo *jus* à sua denominação: abstratos;
- processos de colaboração: assim como os processos abstratos, não pertencem à organização mapeada. A diferença é que devido a sua importância são detalhados da mesma forma que os internos.

Mas como mapear os processos? Que símbolos utilizar? Por onde começar: internos, abstratos ou de colaboração? Para obter essas respostas, prossiga em sua leitura entendendo que este diagrama possui quatro categorias básicas de elementos: objetos de fluxo, conexões, piscinas/raias e artefatos.

Os objetos de fluxo são os principais elementos gráficos e definem o comportamento dos processos de negócio. São eles: eventos, atividades e gatilhos, representados na Figura 2.6.

Evento   Atividade   Gatilho

Fonte: BPMN (2008).

Figura 2.6   *Objetos de fluxo.*

Note, contudo, que, como destacado anteriormente, apesar de a técnica BPMN disponibilizar elementos simples para a modelagem dos processos, é possível elaborar um modelo mais refinado através das variações de tais elementos. Podemos visualizar as possibilidades de tal refinamento através das opções do objeto de fluxo de evento explicitado no Quadro 2.3.

Quadro 2.3 *Eventos*

Tipo de Evento \ Fluxo de Evento	Inicial	Intermediário	Final	Descrição
Geral	○	◎	◯	O evento inicial indica onde o processo será iniciado. Já o evento intermediário acontece entre os eventos inicial e final, afetando o fluxo do processo, mas não começando e nem terminando o processo.
Mensagem	✉	✉	✉	Uma mensagem chega através de um participante e inicia o processo. Isto faz com que o processo comece, termine ou continue caso esteja esperando uma mensagem. Mensagem de término significa que será enviada uma mensagem ao final do processo.
Tempo	🕐	🕐	–	Pode representar uma data específica, tempo ou ciclo. Por exemplo: todos os dias após as 23h. Eventos temporais intermediários podem ser usados, por exemplo, para modelar atrasos. Caso esteja atrelado a alguma atividade, representa que "algo" acontece quando o tempo representado é atingido.
Erro	–	Ⓝ	Ⓝ	O evento intermediário de erro representa uma exceção do fluxo normal do processo. O evento intermediário também pode estar atrelado a uma atividade, o que representa a captura e o tratamento da exceção.
Cancelado	–	⊗	⊗	Evento usado somente durante um processo de transação. Deve ser anexado à fronteira do subprocesso. Este evento será adicionado se um cancelamento de evento de término é encontrado durante o subprocesso de transação.
Compensação	–	⊲⊲	⊲⊲	Usado para acionar a atividade de compensação. Por exemplo, o símbolo pode estar atrelado a uma atividade indicando que a atividade de compensação deve ser acionada. Muito utilizado para cancelar algo que foi realizado durante a transação. Neste caso, o evento final de compensação indica que uma compensação deverá ocorrer.
Regra	▤	▤	–	Utilizado quando a condição para uma regra é considerada como verdadeira. As regras podem ser utilizadas, por exemplo, para interromper os passos de um processo. Exemplo: executar outra atividade caso a regra "aluno maior de 18 anos" seja verdadeira. Assim as regras intermediárias manipulam as exceções.
Link (ligação)	⇨	⇨	⇨	Um *link* é um mecanismo que permite a ligação do resultado de um evento ao início de outro. Pode ser usado, por exemplo, para representar o fim de uma página e a continuidade da modelagem em outra.
Múltiplo	☆	☆	☆	Como evento inicial, indica que há formas diferentes para iniciar o processo. Somente uma delas é necessária para seu início. Quando representado com o evento final, significa que existem muitas consequências no final do processo (por exemplo, muitas mensagens podem ser enviadas).
Final	–	–	●	Indica que todas as atividades do processo devem ser finalizadas. Inclusive instâncias e instâncias múltiplas.

No caso do evento, que é algo que acontece durante o processo, afeta o fluxo deste processo e tem uma causa ou impacto, existem três tipos que são utilizados em momentos específicos no fluxo: inicial, intermediário e final.

Dessa forma, fazendo uso do refinamento proposto, caso quiséssemos representar um pedido de viagem, processo este que contempla, entre outras atividades, a reserva de voo e hotel e o preparo e encaminhamento de roteiro, a representação ficaria como na Figura 2.7. Representação esta que faz uso dos eventos: inicial-mensagem, inicial-*link,* inicial-tempo e final.

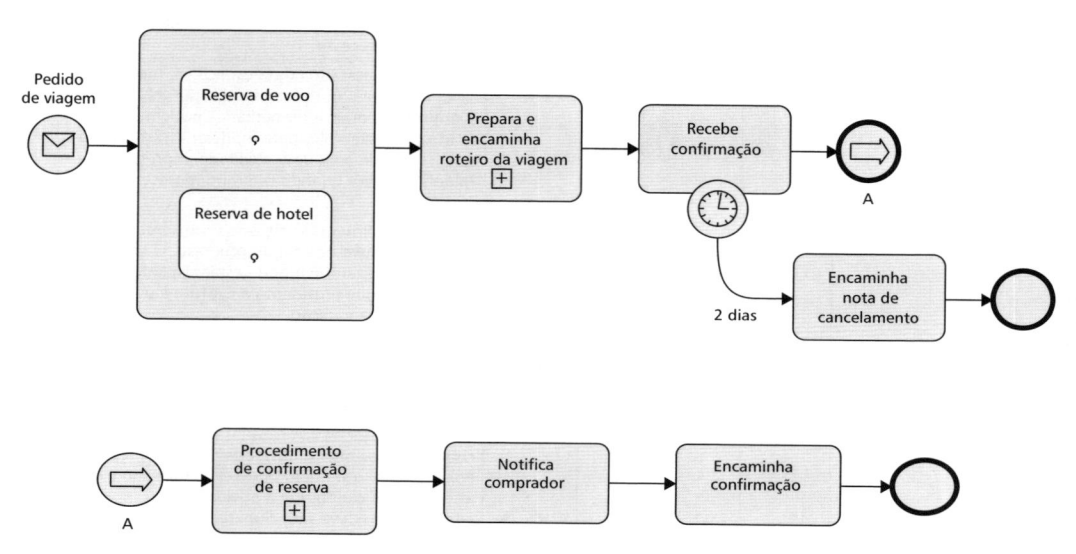

Fonte: BPMN (2008) com adaptação dos autores.

Figura 2.7   *Exemplo pedido de viagem.*

Da mesma forma que os eventos, as atividades, que representam o trabalho realizado por determinada organização, podendo ser consideradas atômica (tarefa) ou composta (processos, subprocessos), também podem sofrer tal refinamento. Nesse sentido, uma tarefa pode ser usada para representar a atividade no seu menor nível de abstração, enquanto um processo pode ser usado para representar uma visão macro e ao mesmo tempo representar hierarquicamente um nível maior de granularidade (Figura 2.8).

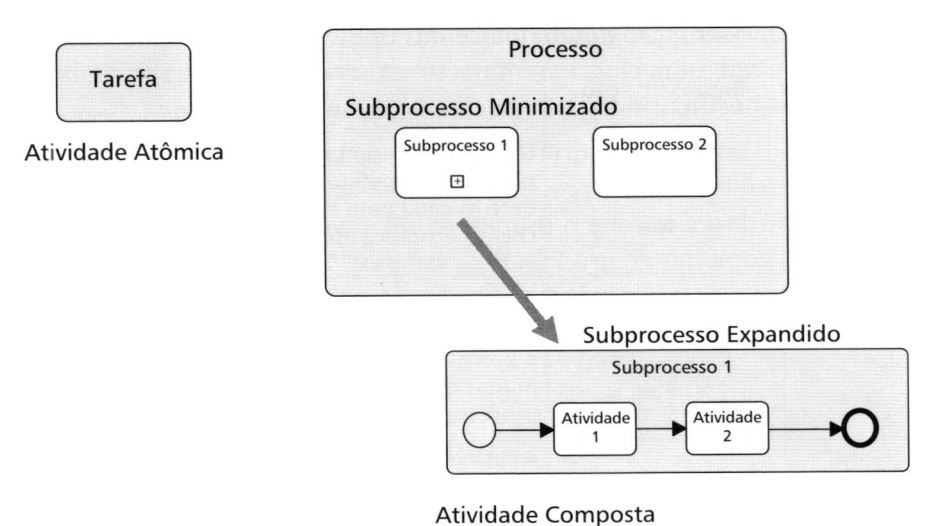

Fonte: BPMN (2008).

Figura 2.8 *Atividade atômica e atividade composta.*

Além disso, a representação do processo minimizado "+" pode ainda ser combinada com mais quatro atributos especiais: o *loop*, *ad hoc*, instâncias múltiplas e compensação, detalhados no Quadro 2.4. Dessa forma, este processo pode ter de uma a três combinações e os atributos especiais podem ainda ser utilizados pelas atividades atômicas.

Nesse caso, nenhum exemplo poderia representar melhor tal processo do que as atividades desenvolvidas pelo campo acadêmico, em especial o processo de elaboração de cada capítulo desta obra, pois se trata de atividades não conectadas que podem ser executadas de forma simultânea e arbitrária (Figura 2.9). Claro que para incluir gráficos no texto, por exemplo, é preciso gerá-los, o que pode parecer prioridade nesse caso. Contudo, não há necessidade de gerar todos os gráficos para depois incluí-los no texto, percebe? Na medida em que se gera o gráfico, o mesmo já pode ser incluído de forma simultânea, é dessa forma que o processo acontece.

Quadro 2.4 *Representação dos atributos das atividades*

Atributo	Representação	Descrição
Loop	Subprocesso1	O *loop* é representado quando uma atividade ou processo é repetido várias vezes enquanto a condição determinada para este acontecimento for verdadeira. O *loop* acontece até que a condição seja falsa.
Instâncias múltiplas	Subprocesso1	É um tipo de *loop* onde múltiplas instâncias da atividade ou processos são executadas. Por exemplo, o processo para elaboração de um livro. Podem existir muitas cópias ou instâncias das atividades deste processo para se fazer um livro.
Ad hoc	Subprocesso1	As atividades do processo não são conectadas com os fluxos de sequência e podem ser executadas arbitrariamente, ou seja, não existe um gatilho bem definido para o início da atividade. Quando um processo é *ad hoc,* ele é controlado pelos responsáveis pela atividade. Geralmente é especificada uma condição que define quando o processo será finalizado.
Compensação	Atividade	Representa um processo ou uma atividade em compensação. Quando um evento de compensação é disparado, uma atividade de compensação é iniciada.

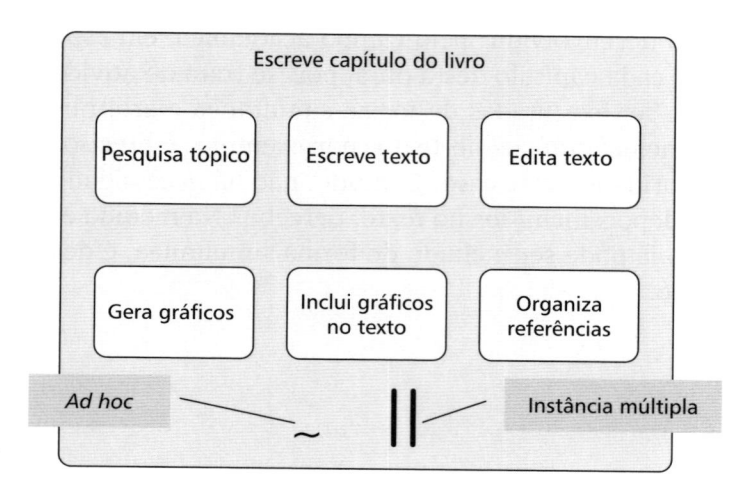

Figura 2.9 *Exemplo de instância múltipla e* ad hoc.

Com relação ao gatilho (*gateway*) usado para modelar decisões, junções, bifurcações e combinações no diagrama de processo de negócio, existem tipos diferentes e o comportamento para cada um deles determina quantos são os caminhos disponíveis para a continuidade do fluxo, como pode ser verificado no Quadro 2.5.

Quadro 2.5   *Representação do gatilho*

Tipos	Representação	Descrição
Decisão Exclusiva – XOR (Dados)	◇ ou ◇	O fluxo pode conter uma ou mais alternativas, entretanto somente um dos caminhos poderá ser seguido. As alternativas estão baseadas em expressões condicionais sobre dados.
Decisão Exclusiva – XOR (Eventos)	◇	As alternativas estão baseadas em eventos. O fluxo de entrada é exatamente igual à Decisão Exclusiva (XOR), entretanto a saída representa decisões ramificadas em eventos.
Decisão Inclusiva – OR	◇	Ao menos um caminho tem que ser verdadeiro. É possível nestes casos seguir mais de um caminho.
Complex	◇	A condição complexa é uma combinação de condições simples. Pode ser representada a decisão de um ou mais caminhos ou a combinação destes. Usado para representar regras de negócio específicas, situações complexas.
Paralelo – AND	◇	Os caminhos são executados em paralelo. Pode ser utilizado também para sincronizar caminhos que são definidos em paralelo.

Para fins de exemplificação, a Figura 2.10, que apresenta os modelos paralelo e complexo, auxilia bastante o entendimento do assunto. Neste exemplo temos uma parte de um processo que avalia as características de uma pessoa. Ao iniciar o processo são disparadas três validações em paralelo, entretanto a autorização é concedida quando pelo menos duas características são verdadeiras.

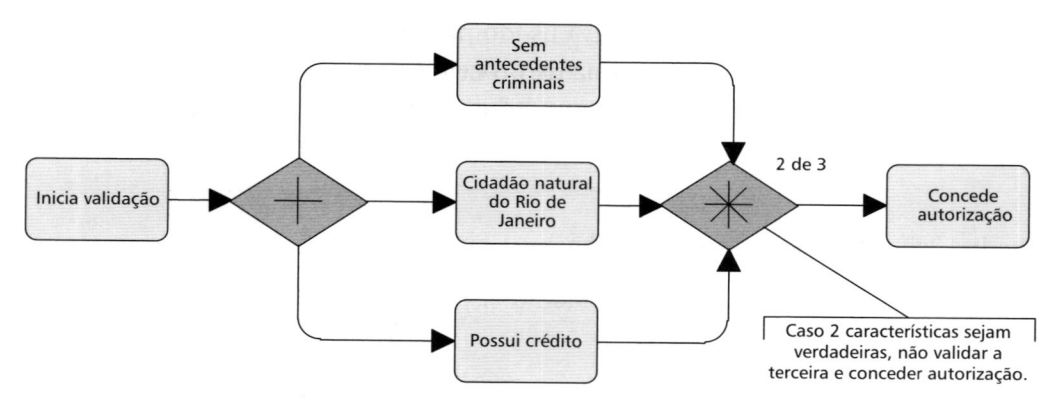

Figura 2.10   *Exemplo de decisão complexa e paralela.*

Neste momento está evidente a importância dos objetos de fluxo, na medida em que definem o comportamento do processo de negócio, como já mencionado e evidenciado pelos exemplos, mas não se pode esquecer que as categorias básicas de elementos do diagrama não cessam por aí. Pelo contrário, existem também os objetos de Conexão que conectam os objetos de fluxo entre si. Para tanto, existem três formas de conexão (Figura 2.11):

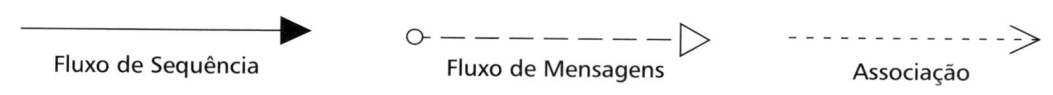

Fonte: BPMN (2008).

Figura 2.11   *Objetos de conexão.*

- fluxo de sequência: mostra a ordem em que as atividades são executadas. Para facilitar, note que na Figura 2.12 está claro que primeiro as mercadorias são agrupadas para depois serem embarcadas. Compreensão esta que é facilitada pela simbologia da seta;

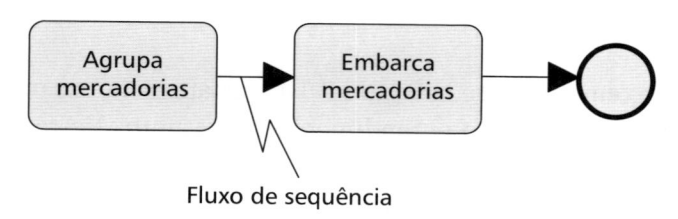

Fonte: BPMN (2008) com adaptação dos autores.

Figura 2.12   *Exemplo de fluxo de sequência.*

- fluxo de mensagens: usado para representar o fluxo de informações entre os participantes do processo. Por exemplo, a comunicação entre a instituição financeira e o fornecedor, conforme a Figura 2.13; e

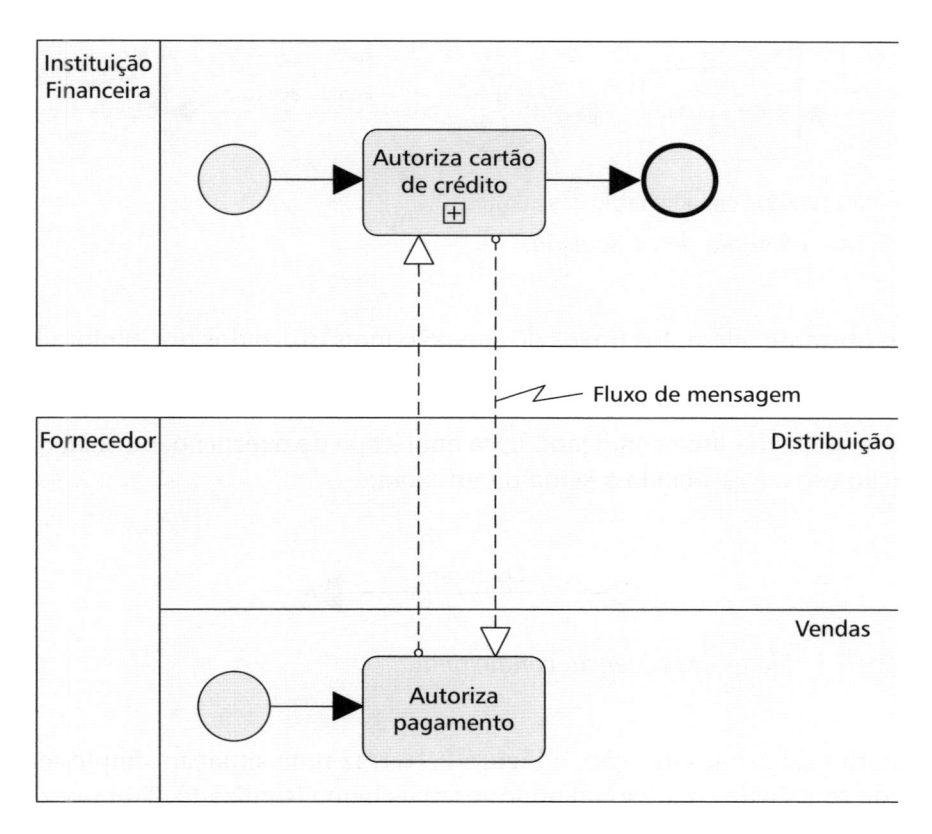

Fonte: BPMN (2008) com adaptação dos autores.

Figura 2.13 *Exemplo de fluxo de mensagem.*

- associação: utilizada para relacionar qualquer informação aos objetos de fluxo. Também é utilizada para associar objetos de dados a outros objetos. Em outras palavras, refere-se à inclusão de informações que na Figura 2.14 são representadas pelo pedido.

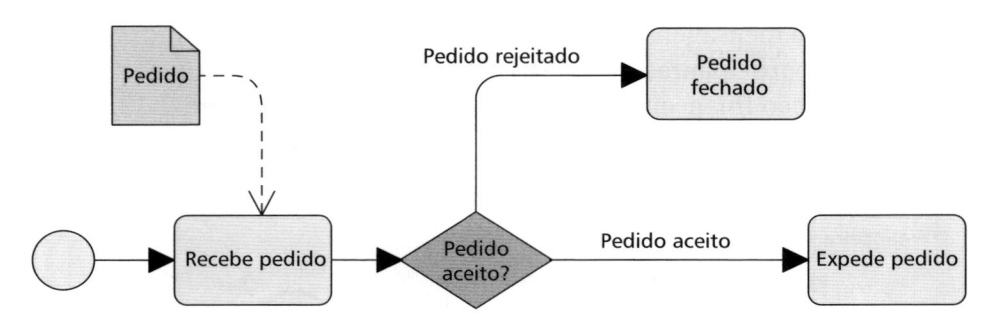

Fonte: BPMN (2008) com adaptação dos autores.

Figura 2.14 *Exemplo de associação.*

Não obstante, além dos fluxos de conexão mais utilizados ora explorados, temos duas variâncias que vale a pena explorar. Uma consiste no denominado fluxo de sequência condicional, que tem sua representação na Figura 2.15. Nesse caso, considera-se que há uma condição lógica em tempo de execução, ou seja, quando a condição estiver associada à saída da atividade.

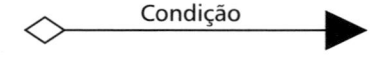

Figura 2.15 *Fluxo de sequência condicional.*

Para fins de exemplificação, a Figura 2.16 traz uma situação simples em que o fluxo de sequência condicional pode ser mais bem visualizado. Trata-se da parte de um processo que representa um conjunto de atividades que são executadas após a identificação de determinado item. Após a análise da descrição do item e dependendo do resultado desta análise, o fluxo representa dois caminhos distintos. Em outras palavras, caso não sejam necessárias mais informações sobre o item, o fornecedor poderá ser imediatamente contatado; caso haja dúvidas em relação a sua descrição, o fluxo exige a solicitação de mais informações ao fornecedor. Note que há uma decisão após a análise da descrição do item, em que esta representação também poderia ser feita através do desenho de um gatilho de decisão.

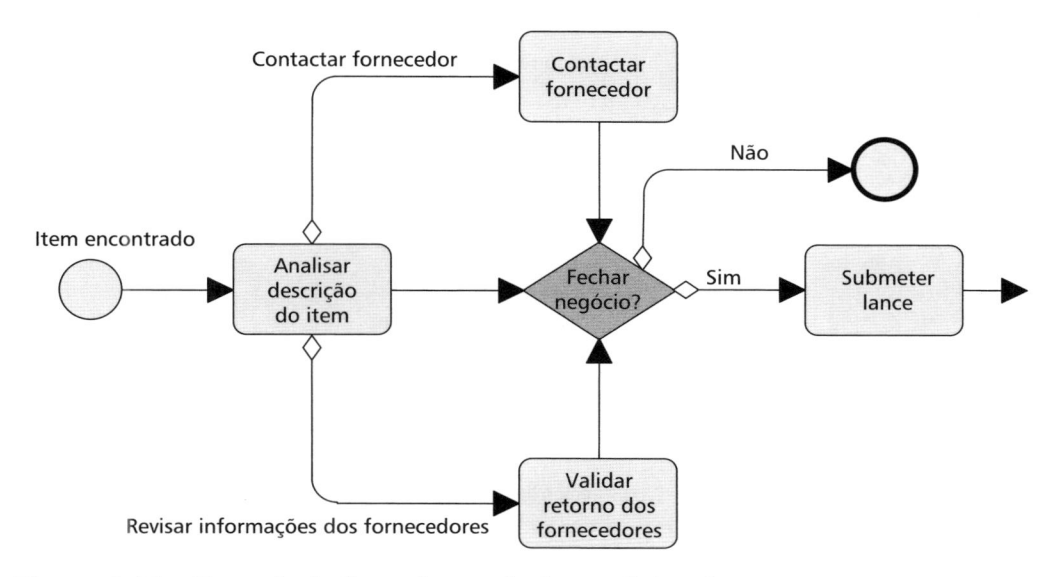

Figura 2.16   *Exemplo de fluxo de sequência condicional.*

A outra variância do fluxo de conexão refere-se ao fluxo de sequência *default*, ou seja, um fluxo para decisões exclusivas baseadas em dados e decisões inclusivas. Neste caso, o fluxo será dado como padrão e será executado somente se todas as outras condições não forem verdadeiras. Sua representação encontra-se na Figura 2.17, sendo complementada pelo exemplo referente à Figura 2.18, em que o processo só é iniciado se houver algum fornecedor (situação *default*). Do contrário, é necessário informar que não há fornecedores.

Figura 2.17   *Fluxo de sequência* default.

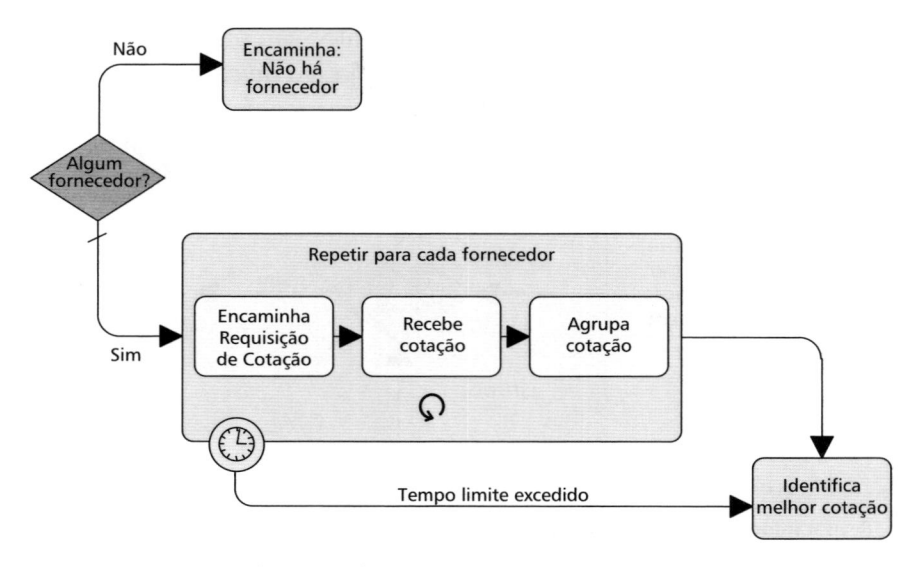

Fonte: BPMN (2008) com adaptação dos autores.

Figura 2.18 *Exemplo de fluxo de sequência* default.

Neste momento, após ter compreendido os objetos de fluxo e as conexões, vale retomar as categorias básicas de elementos apresentados neste tipo de diagrama, a fim de concluir a sua apresentação.

As piscinas e raias representam duas formas de agrupar os elementos modelados (Figura 2.19). Sendo assim, uma possibilidade é que a piscina represente uma organização e a raia, um departamento, podendo os elementos ser agrupados também por funções, aplicações e sistemas, o que vai depender da empresa e do processo modelado.

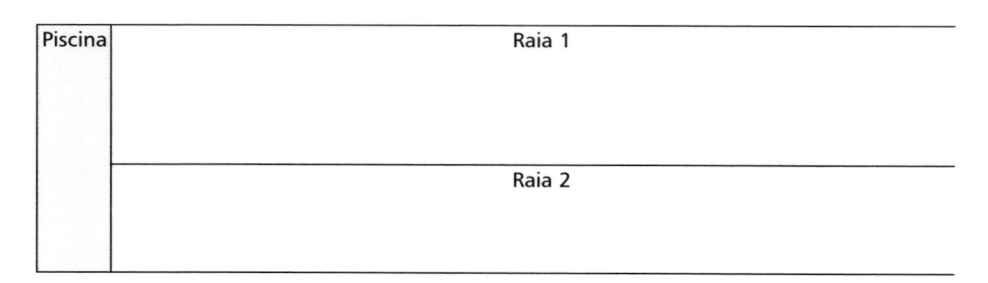

Fonte: BPMN (2008).

Figura 2.19 *Piscina e raias.*

Por fim, mas não menos importante, os artefatos são utilizados para complementar as informações dos processos, tendo o objetivo de caracterizar no diagrama uma informação importante, evitando que o responsável abra a documentação para conhecer sua existência. Desta forma, estes podem ser: objeto de dados, grupo e anotações, conforme a Figura 2.20.

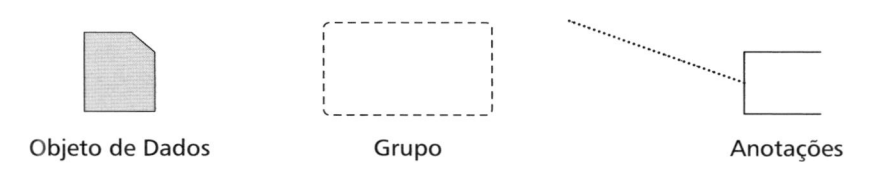

    Objeto de Dados   Grupo   Anotações

Fonte: BPMN (2008).

Figura 2.20   *Artefatos*.

Neste momento, antes de trabalhar outras técnicas de modelagem, diante de toda a explicação apresentada acerca do diagrama de processos de negócio proposto pela técnica BPMN, lançamos um desafio. O intuito é saber se a proposta conseguiu alcançar com êxito um de seus objetivos principais: ser compreensível para todos os públicos. Até porque, independentemente de quem será o responsável por modelar o processo, é fundamental que todos entendam sua proposta.

Portanto, o desafio é: fazendo uso da Figura 2.21, destacar cada tipo de processo, discriminando segundo sua classificação: internos, abstratos e de colaboração. Além disso, tente identificar as quatro categorias básicas de elementos, no caso, os objetos de fluxo, conexões, piscinas/raias e artefatos, e note se existe algum tipo de refinamento. Caso apresente alguma dificuldade, retorne ao texto antes de prosseguir.

Fonte: BPMN (2008) com adaptação dos autores.

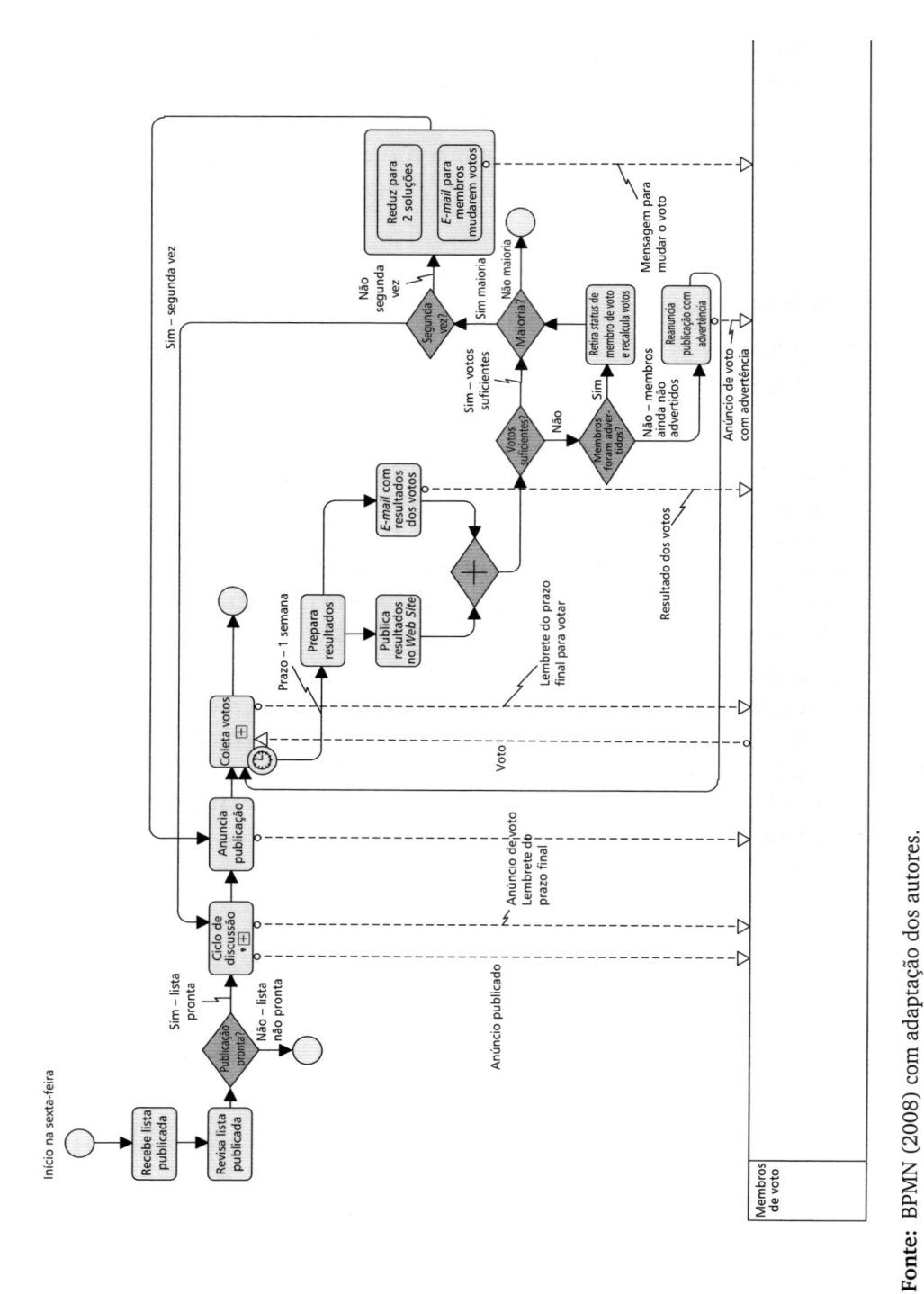

Figura 2.21 *Exemplo de diagrama BPMN.*

2.5.2 IDEF (*Integrated Definition*)

A técnica IDEF (*Integrated Definition*) é um grupo de métodos que foi originalmente criado para modelar e representar os requisitos necessários ao desenvolvimento de sistemas de informação. Esta foi criada pela Força Aérea Americana na década de 1980 como um produto do programa ICAM (*Integrated Computer-Aided Manufacturing*), que tinha por finalidade desenvolver ferramentas, técnicas e processos para a integração industrial.

Quadro 2.6 *Técnicas IDEF*

Técnica	Descrição
IDEF0	Modelagem de Funções
IDEF1	Modelagem de Informações
IDEF1X	Modelagem de Dados
IDEF2	Modelo de Simulação
IDEF3	Descrição de Processos
IDEF4	Modelo de Objetos
IDEF5	Modelagem para Coleta e Aquisição de Informação
IDEF6	Modelo de Captura Racional
IDEF7	Auditoria de Sistema de Informação
IDEF8	Modelo de Interface com o Usuário
IDEF9	Modelo de Cenários
IDEF10	Modelagem de Arquitetura de Implementação
IDEF11	Modelo de Artefato de Informação
IDEF12	Modelo Organizacional
IDEF13	Projeto de Mapeamento Esquema Triplo
IDEF14	Projeto de Rede

Dessa forma, não é surpresa o fato de que os princípios da técnica estão atrelados aos conceitos da Engenharia de *Software*. Por esse motivo, a técnica evoluiu para 16 categorias específicas de representação. Cada categoria representa uma forma distinta de visualizar e representar as informações, como pode ser visto no Quadro 2.6. Todavia, como o foco são os processos de negócios, e para sua modelagem são utilizadas as técnicas IDEF0 e o IDEF3, os estudos, neste caso, estarão direcionados a tais modelos.

Começando pelo IDEF0 (*Integration Definition for Function Modeling*), este é usado originalmente para modelar funções de negócios ou sistemas, permitindo que o responsável pela diagramação consiga representar de forma simplificada as funções, suas principais entradas e saídas, mecanismos necessários para elaboração das atividades e os controles que devem ser seguidos.

Para tanto, a diagramação do IDEF0 é formada apenas por um conjunto de caixas (funções/atividades) e setas (condução de dados ou objetos), possuindo, portanto, apenas dois elementos básicos: as setas e as funções. Ainda assim vale destacar que as setas são mecanismos de entrada, controle e saída, em inglês ICOMs (*Input, Control, Output Mechanism*), porém não representam fluxos de informação e sim conduzem dados ou objetos para a execução das funções.

Sendo assim, as setas são representadas com o mesmo símbolo, mas, dependendo de sua posição no desenho, têm significados diferentes (Figura 2.22). Nesse caso, temos o seguinte:

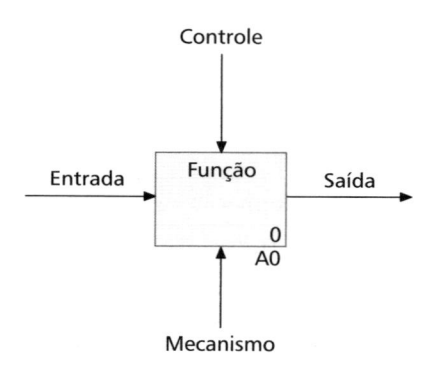

Fonte: IDEF0 (1993) com adaptação dos autores.

Figura 2.22   *Simbologia IDEF0.*

- seta de entrada: representa dados e/ou objetos que a função precisa para atingir seu objetivo. Sua representação gráfica é a conexão à esquerda da caixa de função;
- seta de saída: representa dados e/ou objetos que são os resultados da função modelada. Além disso, a seta de saída de uma função pode representar também a entrada em outra função. Sua representação gráfica é a conexão à direita da caixa de função;

- seta de controle: representa as regras ou orientações que devem ser seguidas pela função, ou seja, determina por que ou como a função é desenvolvida. Por exemplo, um controle para a função "Preparar Mesa" pode ser "Regras de etiqueta". Sua representação gráfica é a conexão acima da caixa de função;
- mecanismos: representam os meios para o desempenho da função. Por exemplo, os mecanismos para a função "Calcular o Imposto de Renda" podem ser "Calculadora" e "Programa IR". Sua representação gráfica é a conexão abaixo da caixa de função; e
- seta de chamada: quando uma função é detalhada em outra função, a função original chama a função onde o detalhamento ocorreu. Sua representação gráfica é a seta saindo da caixa de função pela borda de baixo, conforme é visto na Figura 2.23.

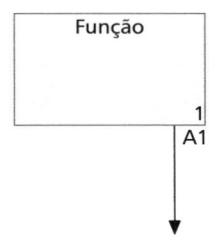

Figura 2.23 *Seta de chamada.*

O outro elemento básico deste modelo são as funções, geralmente nomeadas com o verbo no infinitivo; estas ocorrem ao longo do tempo e têm resultados reconhecidos, sendo modeladas através de caixas retangulares que podem representar processos ou atividades. No entanto, a técnica IDEF limita seu número por diagrama, recomendando a representação de quatro a sete funções, evitando assim a poluição visual.

Ademais, o diagrama IDEF0 é modelado de forma hierárquica e modular, ou seja, inicia-se com a atividade mais geral, sendo decomposto em partes menores até ser representado todo o contexto desejado. E, para fins de intitulação, os diagramas de alto nível são chamados de "pai" e os diagramas detalhados, de "filhos" (*vide* Figura 2.24).

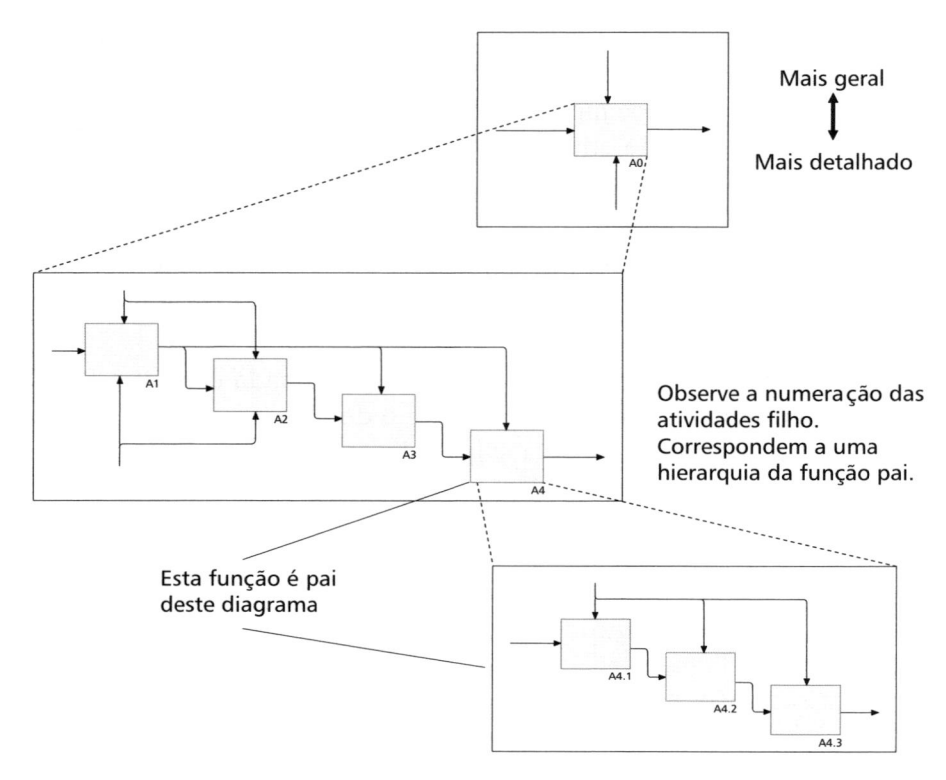

Fonte: IDEF0 (1993) com adaptação dos autores.

Figura 2.24   *Exemplo de hierarquia IDEF0.*

Portanto, como é possível perceber, neste tipo de modelagem usa-se para representar o contexto um único diagrama com apenas um símbolo de função, de modo que este caracteriza a ligação do processo modelado com o ambiente externo recebendo a numeração A0. Contudo, é evidente que, neste caso, o desenho por si não é o suficiente para o entendimento do contexto e nivelamento do conhecimento; logo, faz parte da modelagem IDEF0: os símbolos interligados (diagrama), a descrição dos símbolos (funções e setas) e o glossário (em que são definidos nomes e palavras-chave utilizados no gráfico).

Um exemplo que ajuda a compreensão desta proposta é apresentado na Figura 2.25. Trata-se do processo para prover demanda de *software*. Neste caso tem-se como entrada a solicitação do cliente e como controle o padrão ISO (*International Organization for Standardization*) de qualidade, sendo utilizadas como mecanismos as ferramentas de gestão, proporcionando como saída a aplicação instalada no cliente.

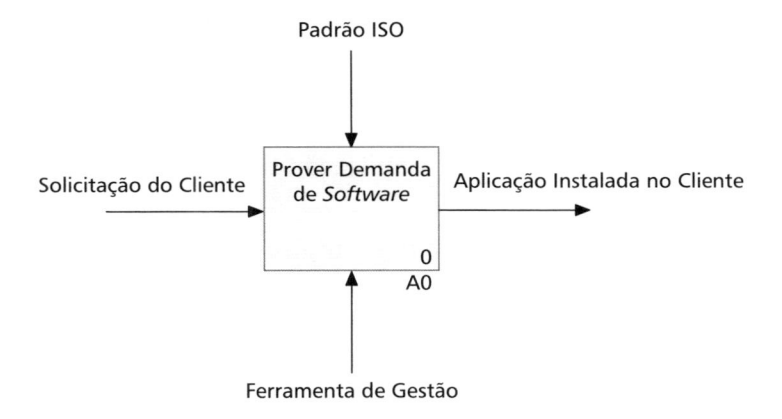

Figura 2.25 *Exemplo de IDEF0 contexto (diagrama "pai").*

Note que a sigla utilizada na figura é "A0", pois se trata do diagrama "pai", que representa a relação do processo modelado com o ambiente externo, como já mencionado. Todavia, na figura seguinte (2.26) temos um detalhamento deste processo contemplando todas as atividades que dele fazem parte. São elas: especificar necessidade (A1), planejar projeto (A2), executar projeto (A3) e encerrar projeto (A4). Atividades estas essenciais para a conclusão do processo.

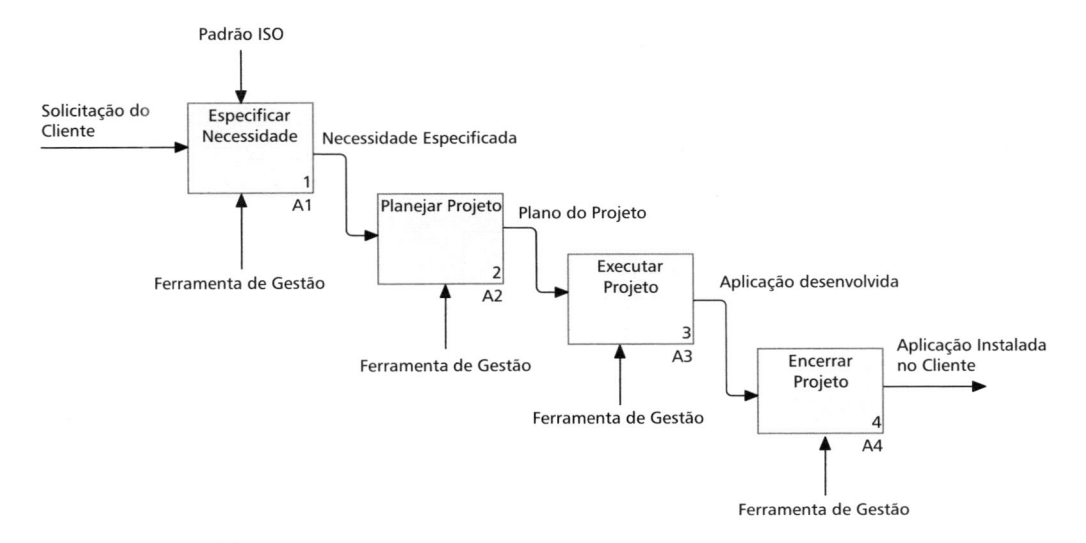

Figura 2.26 *Exemplo de IDEF0 detalhado (diagrama "filho").*

Não obstante, é importante atentar para o fato de que cada atividade do diagrama "filho" tem uma saída específica que atende a demanda da atividade seguinte. Por exemplo, ao planejar o processo, é fornecido um plano para que o mesmo seja executado. Da mesma forma, ao executá-lo, a aplicação é desenvolvida com o intuito de encerrar o projeto e ter a aplicação instalada no cliente, propósito maior do processo modelado.

Todavia, como destacado no início deste tópico, não é apenas a técnica IDEF0 que trabalha os processos de negócios, pelo contrário, existe neste modelo a técnica IDEF3 que deve ser considerada também, na medida em que permite descrever as atividades dos processos.

Vale ressaltar, contudo, que, geralmente, quando as organizações adotam as técnicas de IDEF para o mapeamento de processos, o IDEF0 caracteriza as funções ou atividades do processo, enquanto o IDEF3 detalha graficamente a sequência de atividades executadas para o cumprimento da função.

Dessa forma, com a IDEF3, é possível representar tempo, sequência dos eventos e suas relações, além de permitir o detalhamento das decisões lógicas, podendo ser usado para descrever diferentes cenários representando a mesma função e também para definir um fluxo de trabalho (*workflow*). Lembrando que um cenário indica que, para criação de um mesmo produto (saída), são percorridos caminhos diferentes que se convergem em uma mesma saída, atingindo o objetivo esperado.

Para tanto, o gráfico do IDEF3 é formado pelas UOBs (*Units of Behavior*) ou Unidades de Comportamento, setas de conexão (*links*) e símbolos de decisão lógica. As UOBs (Figura 2.27) representam um processo ou atividade executado no mundo real. Sua importância está no fato de que, ao se relacionarem entre si, representam uma ordem cronológica de execução.

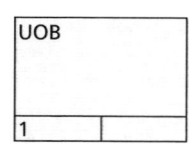

Figura 2.27 *UOB*.

Já as setas ou *links* têm como objetivo representar de forma gráfica o funcionamento de um processo ou atividade, mostrando a dinâmica entre as UOBs. Ainda assim, existem duas variações, mas na maioria das situações elas mostram as precedências temporais entre as atividades.

As variações a que fizemos referência são: seta de precedência, que, como o próprio rótulo sugere, representa uma ligação simples entre UOBs;

e a seta relacional, que destaca a existência de um relacionamento de restrição entre duas UOBs.

Para fins de exemplificação, na Figura 2.28, ao mesmo tempo que a seta de precedência informa que a origem de a UOB "aprovar planilha de horas trabalhadas" é "assinar planilha de horas trabalhadas", a seta relacional pode mostrar uma restrição: a de que, por exemplo, o responsável pela atividade 1 não pode ser o mesmo responsável pela atividade 2.

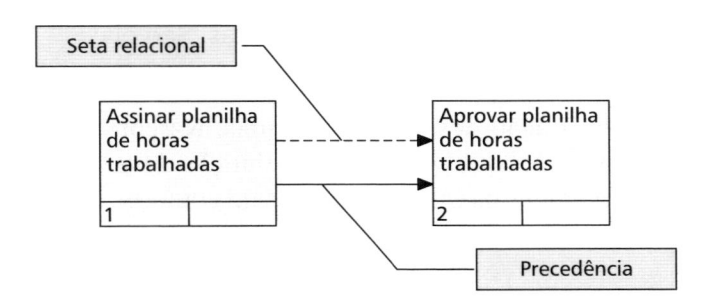

Fonte: Adaptado IDEF3 (1995).

Figura 2.28 *Exemplo de seta relacional.*

O terceiro e último elemento que compõe o gráfico do IDEF3 são os símbolos de decisão lógica, também conhecidos por junções. Estas definem situações de divergência e convergência que ocorrem no fluxo modelado, especificam a lógica de ramificação e simplificam a representação das interligações de sequências entre os vários caminhos dos múltiplos processos. Dessa forma, como apresentado na Figura 2.29, a junção pode representar a decisão tomada durante determinado fluxo de duas formas principais, a saber:

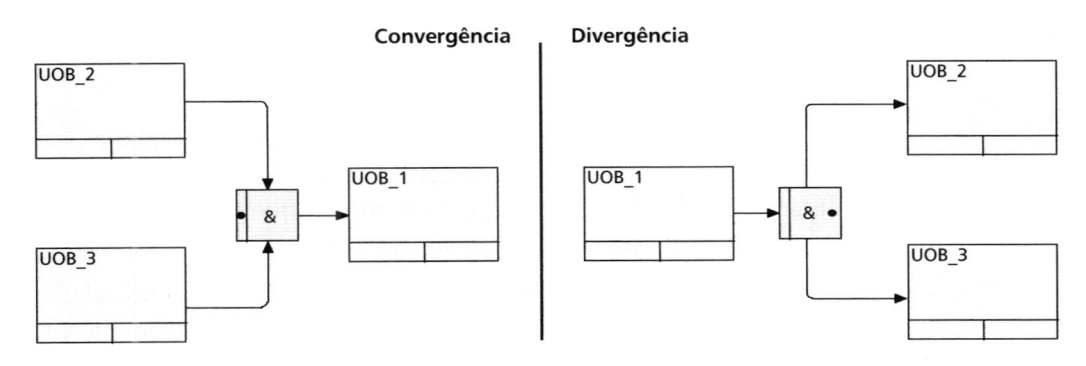

Figura 2.29 *Exemplo de convergência e divergência.*

- convergência: representa a convergência de vários caminhos alternativos ou paralelos na mesma UOB. O símbolo à esquerda da caixa • indica que vários caminhos agregam a junção; e
- divergência: representa divergências dos fluxos para caminhos paralelos e alternativos. O símbolo à direita da caixa • indica que vários caminhos ocorrem a partir da junção.

Entretanto, somente distinguir as junções de convergência e divergência não é suficiente para representar todas as características de fluxos, ações e precedências. Para isso, há mais cinco representações lógicas. São elas:

- & – AND (E) – assíncrono: na divergência indica que todas as UOBs que divergem da junção devem ser iniciadas. Na convergência indica que todas as atividades que convergem na junção devem ser finalizadas. Entretanto, em ambos os casos não precisam começar e terminar ao mesmo tempo (vide Figura 2.30);

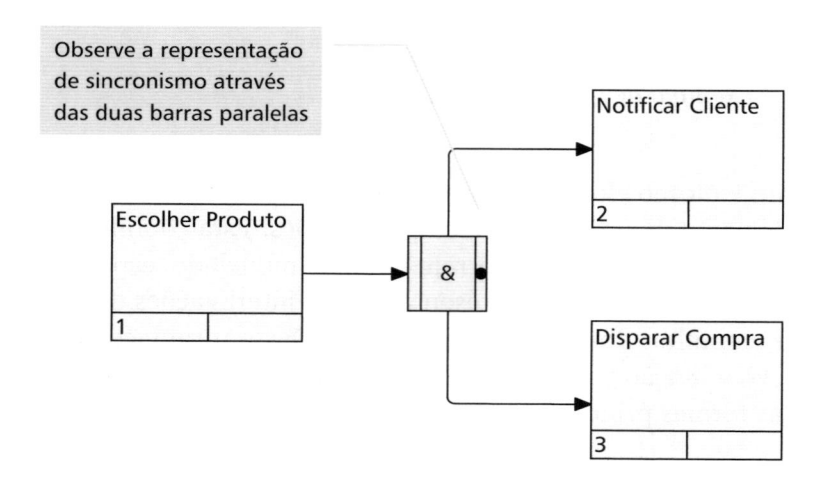

Figura 2.30   Exemplo AND *(E) síncrono*.

- & – AND (E) – síncrono: na divergência indica que todas as atividades que divergem da junção devem ser executadas e começar ao mesmo tempo, conforme a Figura 2.31. Na convergência indica que todas as atividades que convergem da junção devem ser terminadas ao mesmo tempo;
- OR (OU) – assíncrono: na divergência indica que uma ou mais atividades que divergem da junção devem ser executadas, entretanto não ao mesmo tempo. Na convergência indica que uma ou mais atividades que convergem na junção devem ser finalizadas, entretanto não ao mesmo tempo;

- *OR* (OU) – síncrono: na divergência indica que uma ou mais atividades que divergem da junção devem ser executadas começando ao mesmo tempo. Na convergência indica que uma ou mais atividades que convergem na junção devem ser finalizadas e ao mesmo tempo; e

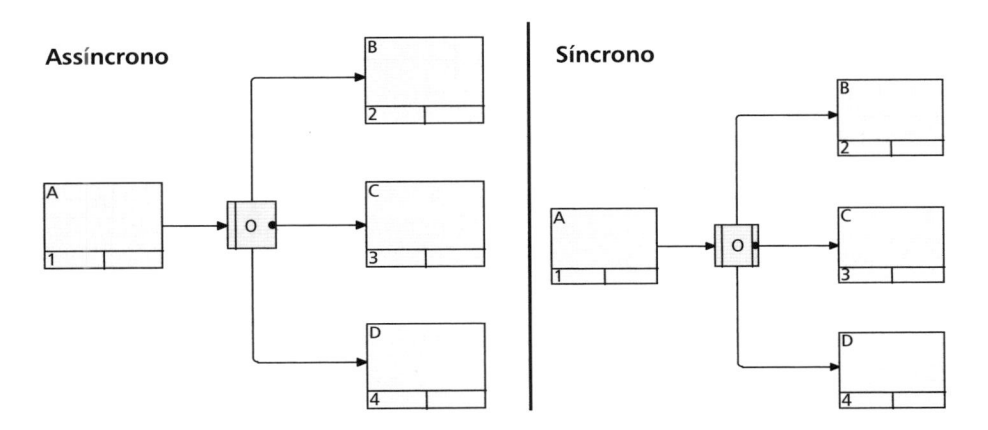

Figura 2.31   *Exemplos de divergências* OR *(OU)*.

- *XOR* (OU exclusivo): representa a tomada de decisão exclusiva, ou seja, somente um caminho será seguido, como mostra a Figura 2.32.

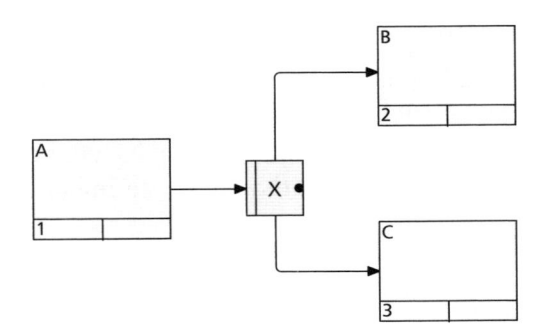

Figura 2.32   *Exemplo de* XOR *(OU exclusivo)*.

Portanto, diante de tantas possibilidades de representação, uma das vantagens do IDEF3 está mais do que clara, quer seja, representar graficamente a complexidade dos caminhos paralelos e alternativos existentes nos processos. No entanto, para complementar o que foi apresentado, é fundamental saber que é possível combinar as junções. Sendo assim, para concluir esta proposta, serão ilustradas as combinações mais utilizadas diante de três exemplos.

Exemplo 1

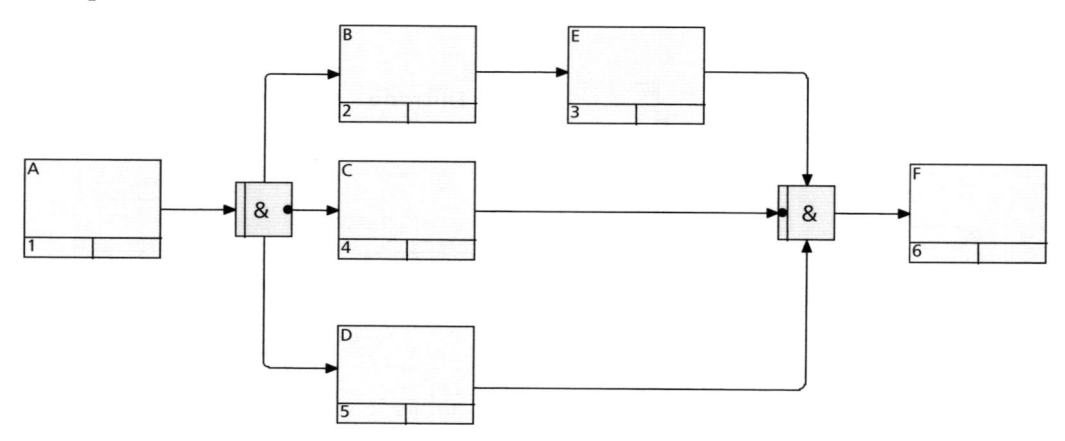

Figura 2.33 *Exemplo de combinação da junção* AND *(E)*.

No exemplo 1 (Figura 2.33) temos que, após execução da atividade A, há uma divergência em três caminhos paralelos. Entretanto, a representação informa que devem ser iniciadas as atividades B, C e D, porém não ao mesmo tempo, pois o símbolo não informa necessidade de sincronização. Já para o início da atividade F é preciso a finalização das atividades E, C e D, porém também não precisam ser finalizadas ao mesmo tempo.

No exemplo 2, ilustrado pela Figura 2.34, após a atividade A, há uma divergência em dois caminhos paralelos, ou seja, devem ser iniciadas as duas atividades B e C, mas não necessariamente ao mesmo tempo. Na convergência encontramos a junção OU, o que quer dizer que a atividade E se inicia quando a atividade B ou a D são finalizadas.

Exemplo 2

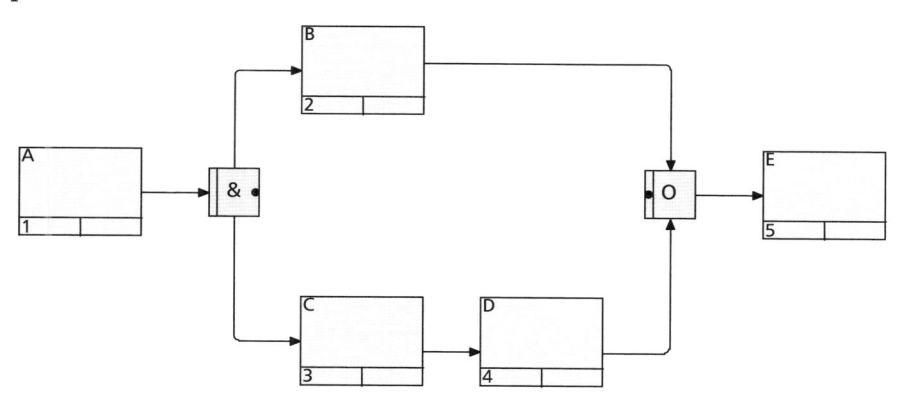

Figura 2.34   *Exemplo de combinação de junções* AND *(E) e* OR *(OU)*.

Por fim, no exemplo 3 (*vide* Figura 2.35), após a atividade "Avaliar Proposta" há uma junção XOR (ou exclusivo) onde será decidido se a proposta será rejeitada (atividade "Rejeitar Proposta") ou aceita. No caso de a proposta ser aceita, a junção OR (ou) indica que antes de assinar o contrato pode-se aceitar a proposta principal ou aceitar os adicionais da proposta, ou ambos os casos.

Exemplo 3

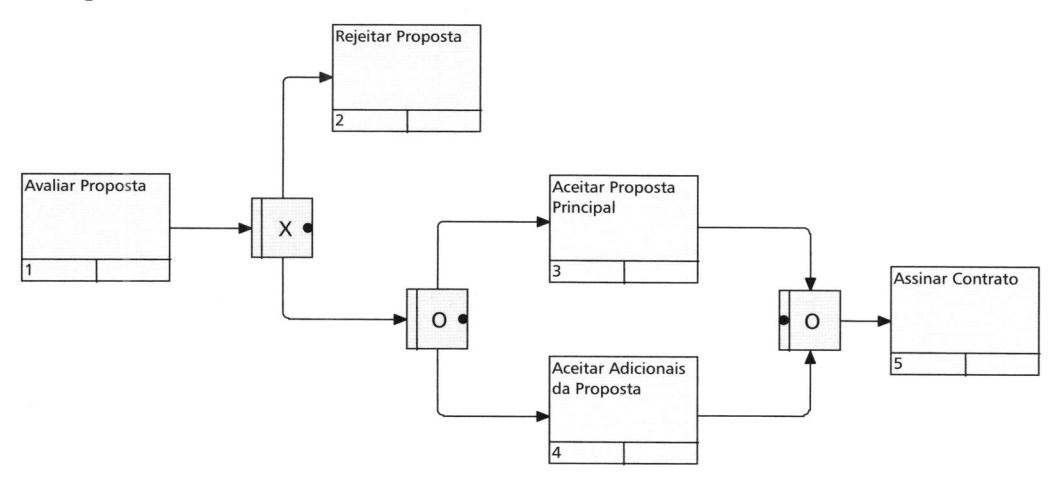

Fonte: IDEF3 (1995) com adaptação dos autores.

Figura 2.35   *Exemplo de combinação das junções* XOR *(OU exclusivo) e* OR *(OU)*.

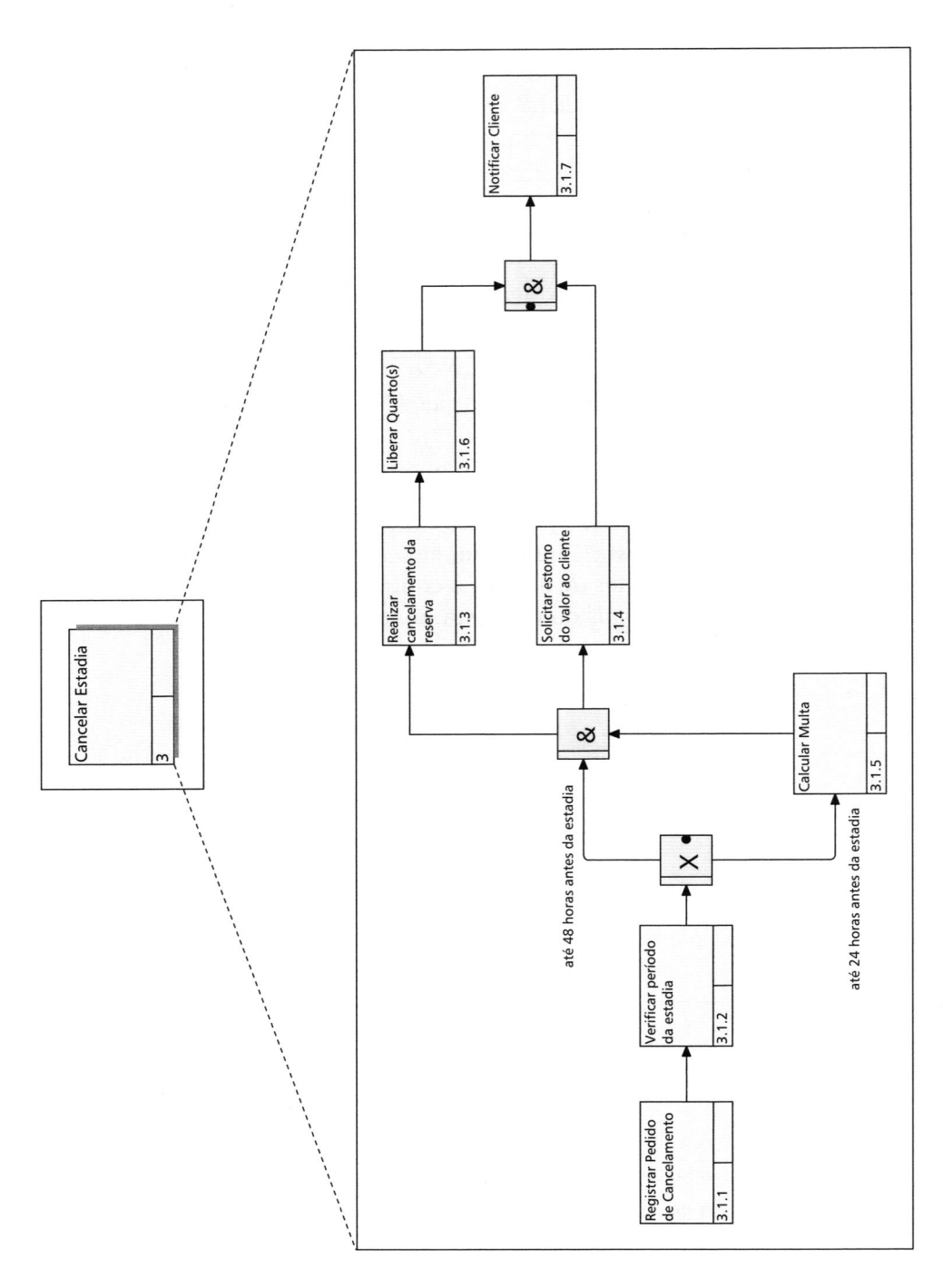

Figura 2.36 *Exemplo de decomposição IDEF3.*

Sem dúvida, após as explicações da proposta e os três exemplos supracitados, está claro que uma UOB captura e estrutura o conhecimento detalhado do processo, de modo que, se a atividade for extremamente complexa, deve-se subdividir em outras atividades. Em outras palavras, o IDEF3, através da decomposição, permite que se tenham diferentes números de visões, organizando assim uma UOB mais detalhada. A ideia é "dividir para conquistar" permitindo um melhor gerenciamento da complexidade, como é evidenciado na Figura 2.36.

2.5.3 EPC (*Event-Driven Process Chain*)

Além do BPMN e do IDEF, outra técnica de modelagem muito utilizada é o EPC ou Cadeia de Processos Orientados por Eventos. Trata-se de um dos artefatos existentes no *framework* ARIS (*Architecture of Integrated Information Systems*), criado por August Scheer na Alemanha em 1984.

Este *framework* é representado pelo desenho de uma casa onde sua estrutura é subdividida em três pilares principais e um telhado. Os pilares representam as visões de dados, controle e funções, enquanto o telhado representa as características organizacionais (Figura 2.37).

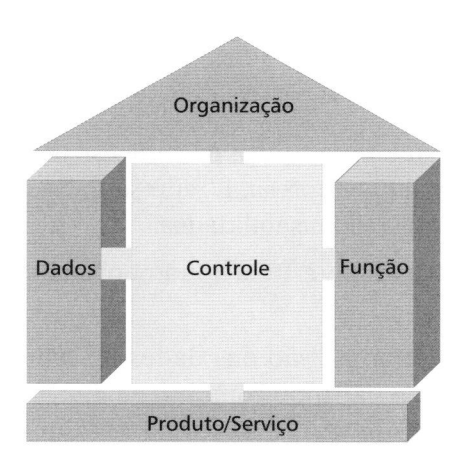

Fonte: Scheer (1984) adaptado pelos autores.

Figura 2.37   Framework *ARIS*.

Sendo assim, o *framework* tem como objetivo representar a existência de visões específicas, podendo seus elementos serem integrados e complementares. Em outras palavras, as funções, por exemplo, só existem para atender aos objetivos da organização, que por sua vez manipulam dados que são suportados por ferramentas ou produtos.

Portanto, cada visão oferece um conjunto de artefatos que possibilitam representar suas características específicas. Note que o *framework* disponibiliza diagramas que possibilitam representar diversas visões; entretanto, quando falamos em técnicas de modelagem, as organizações costumam utilizar os diagramas EPC (Diagrama de Processo), e em alguns casos o FAD (Diagrama de Função).

Os artefatos são representados pelos principais diagramas listados abaixo:

- Cadeia de Valor Agregado (*VAC – Value Added Chain*)

    Como será visto posteriormente, a cadeia de valor representa uma visão de alto nível dos processos que agregam valor à organização.

- Diagrama de Objetivos (*OD – Objective Diagram*)

    O Diagrama de Objetivos é criado após a definição da cadeia de valor. Este mapeamento é uma forma de representar os objetivos de cada processo.

- Árvores de Funções (*FT – Function Tree*)

    Mostra uma visão estática da hierarquia das funções. Em outras palavras, mostra como as funções são subdivididas em subfunções ou tarefas, sem considerar o fluxo do processo. Podemos dizer que é o oposto do EPC, que mostra a visão dinâmica das funções, ou seja, o fluxo do processo.

- Organograma (*ORG – Organizational Chart*)

    Como já conhecido por muitos, permite especificar e detalhar a estrutura organizacional da empresa. É representada neste modelo a estrutura da hierarquia e as responsabilidades.

- Diagrama de Entidade e Relacionamento (*ERM – Entity Relationship Model*)

    Permite representar a visão dos dados de uma organização. Os dados são identificados a partir do conjunto de informações necessárias para a execução das atividades. Dessa forma, estes modelos são insumos para estruturação das bases de dados necessárias para o funcionamento dos sistemas, que por sua vez apoiam os processos de negócio.

- Diagrama de Função (*FAD – Function Allocation Diagram*)

    O Diagrama de Funções é muito similar ao EPC. Para cada função do EPC, é gerado um diagrama FAD, isto quer dizer que o FAD representa um detalhamento da atividade do EPC e desenha os objetos alocados a uma atividade. Devem conter principalmente: os envolvidos na atividade,

as entradas e saídas, normas, documentos, regras utilizadas e recursos (ferramentas, sistemas etc.).
- Diagrama de Processo (*EPC – Even Drive Process Chain*), tema central deste tópico por ser o mais importante para a visão de processos.

Neste momento as atenções estão voltadas para a Cadeia de Processos Orientados por Eventos, mais conhecidas como EPC, que é composta principalmente por eventos, funções, conectores e fluxos e tem como característica principal a representação dos eventos que acontecem antes e depois de cada função. Vale ressaltar que este diagrama é derivado do VAC, ou seja, cada processo na cadeia de valor é detalhado através do EPC.

Para tanto, é fundamental entender sua simbologia. O evento pode representar uma ocorrência que origina a função ou também um resultado ou estado da função. Já as funções representam as atividades do processo modelado, conforme visto nas técnicas apresentadas anteriormente, podendo representar processos, subprocessos, tarefas etc.

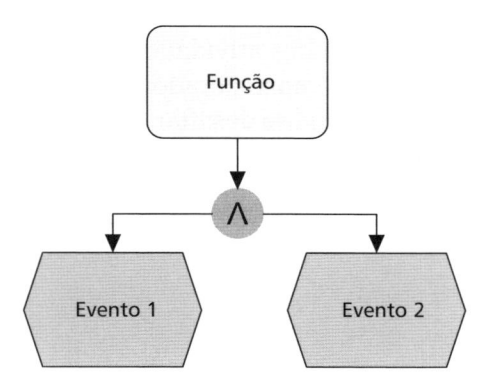

Figura 2.38 *Exemplo de atividade (função) que dá origem a dois eventos.*

Dessa forma, o resultado da atividade origina o evento. Em alguns casos uma atividade pode dar origem a mais de um evento. Nestes casos são representados os eventos conectados à função através do uso dos conectores, visto que estes últimos representam a lógica de decisão existente no fluxo, como consta na Figura 2.38. Note, contudo, que as regras lógicas dos conectores são idênticas às demais notações apresentadas no capítulo (*vide* Quadro 2.7).

Quadro 2.7 *Tipos de conectores*

Tipos	Descrição
(XOR) OU Exclusivo	Representa a tomada de decisão de um ou mais caminhos desenhados no fluxo. Para o caso do *XOR*, a decisão é exclusiva, apenas um caminho deve ser seguido.
(V) OU	Quando a condição estabelecida ao conector é verdadeira, um ou mais caminhos do fluxo podem ser seguidos. Quando um ou mais caminhos do fluxo são ativados, os demais caminhos são desconsiderados.
(∧) E	O conector indica a existência de atividades paralelas, ou seja, todos os caminhos representados no fluxo devem acontecer.

Ainda assim, além dos eventos, funções e conectores, o EPC é composto por fluxos, que são responsáveis pela ligação entre tais elementos. Sendo assim, são os fluxos que definem a sequência das atividades modeladas e obedecem aos conectores lógicos. Na Figura 2.39, é apresentado um exemplo que utiliza todos os elementos apresentados. Vale a pena se desafiar a analisá-lo de uma forma crítica, a fim de entender como esta técnica auxilia a tomada de decisões ao apresentar uma visão específica do processo.

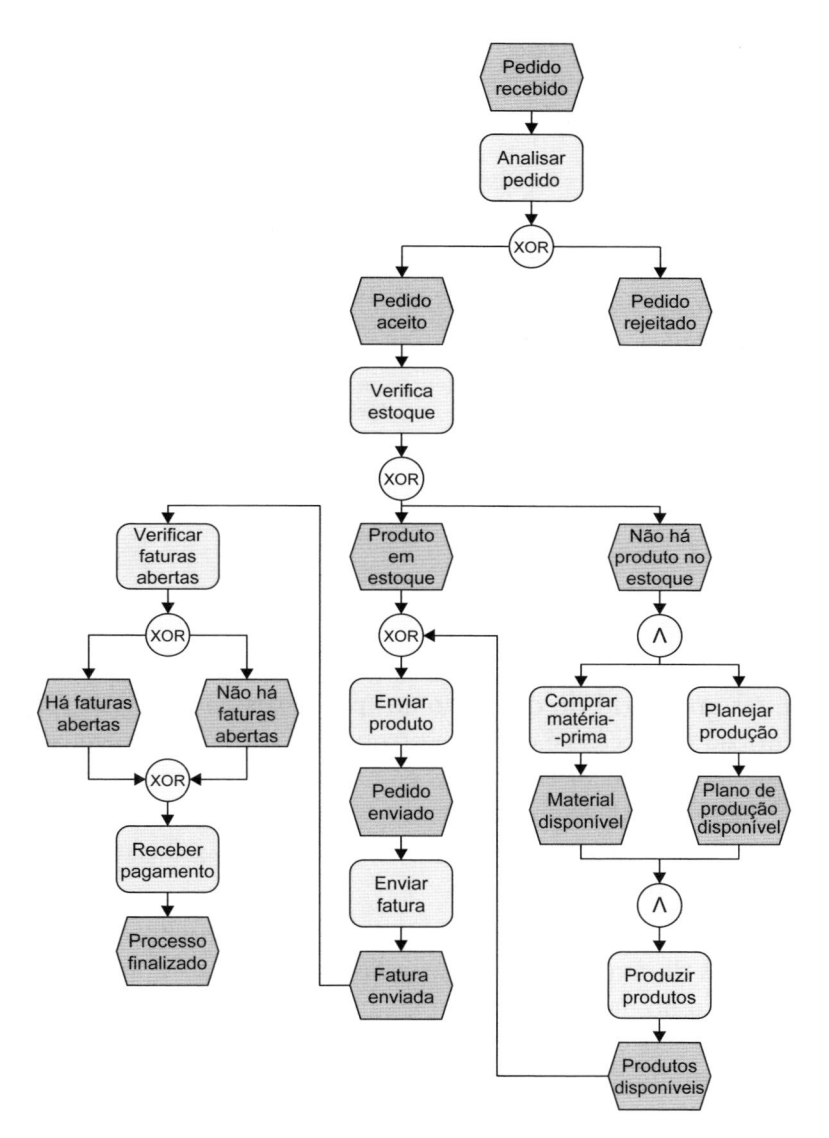

Fonte: Weske (2007) adaptado pelos autores.

Figura 2.39 *Exemplo de diagrama EPC.*

Para finalizar, não podemos deixar de apresentar duas simbologias também utilizadas nesta proposta. Trata-se de formas de registrar a relação de um processo com outro e as unidades organizacionais. Para tanto, foi elaborado o Quadro 2.8, que deve ser lido com atenção.

Quadro 2.8   *Outros tipos de conectores*

Tipos	Representação	Descrição
Conexão com outros processos		Um processo pode ser considerado um conjunto de atividades/funções. Este processo pode ser agrupado por determinado contexto, como por exemplo processo de compra ou processo de produção. Nestes casos, quando há a necessidade de ligação entre processos, usa-se o símbolo de conexão.
Unidade organizacional		Representa a relação da estrutura organizacional com a função modelada. Pode caracterizar uma área/setor da organização ou um papel.

2.6 ESCRITÓRIO DE PROCESSOS

Diante de tantas propostas que nos ajudam a operacionalizar os processos, a ideia de se ter um escritório dedicado aos processos não chega a surpreender. Todavia, o curioso neste caso é que a reestruturação numa organização realizada com o objetivo de centralizar atividades e dar um controle único não é novidade nos estudos organizacionais, e quase sempre esse desejo de reunir nas mãos de uma só pessoa um número indeterminado de atividades guardam semelhança e inúmeros pontos de convergência.

Aliás, na maioria das vezes esse desejo ocorre quando surge alguma inovação relacionada às dinâmicas organizacionais. A primeira informação de que se tem notícia ocorreu no meio do século passado e, mais recentemente, o fenômeno praticamente se repetiu com a explosão da hoje muito conhecida Gestão pela Qualidade Total. Ainda assim, é bem verdade que esta centralização não aconteceu, considerando estudos estruturais, mas, num certo sentido, durante algum tempo, próximos aos dez anos, pelas mãos dos consultores de GQT (sigla conhecida, formada a partir das letras de cada palavra). Assim foi, mas hoje a outrora centralização cedeu lugar a um hábito bem mais salutar, ou seja, os gestores da organização incorporaram a tecnologia e hoje é bastante comum que este ou aquele gestor utilize parte substancial da tecnologia em seu dia a dia.

E não poderia ser diferente com a Gestão de Processos, que veio chegando ao Brasil aos poucos e hoje já é uma realidade num número expressivo, muito expressivo, de organizações. E vamos, então, falar um pouco sobre os desejos de centralização dos esforços de gestão de processos sob o rótulo de escritório de processos e, também, por que consideramos um tópico altamente relevante quando da modelagem idealizada para a organização, especialmente quando de estudos sobre a gestão de processos. Queremos deixar absolutamente claro que nossa posição não é favorável ou contrária à adoção de um esforço centralizador. Entendemos que é cedo para uma posição acadêmica, seja qual for essa posição. Sob o ponto de vista prático, entendemos que a definição terá de levar em conta as circunstâncias da organização (esse mesmo comentário se repetirá em Nota importante quando nos referirmos às Questões para debate). Veja que os argumentos se seguirão em nosso texto, começando com o nosso entendimento sobre uma boa definição para o escritório de processos, que é uma conformação organizacional estruturada com o objetivo de buscar permanente alinhamento dos processos da organização focando notadamente o planejamento, a execução, a coordenação e a análise crítica e sistêmica ao longo dos procedimentos de ação e, sobretudo, sobre os resultados obtidos, e, a partir daí, com uma nova projeção, no sentido de promover uma gestão de processos de excelência.

A nomenclatura *escritório* tem origem numa primeira tentativa de uso dessa nomenclatura em empresas privadas ao ser proposta a reunião em uma unidade de controle e avaliação dos projetos em projeção e em execução. A proposta ainda existe e há escritório de projetos em organizações. Curiosamente, o termo *escritório* tem origem na administração pública, quando dos primeiros movimentos fortes de simplificação e racionalização do trabalho.

2.6.1 Ação estratégica do escritório de processos

A Elo Group (2010) entende que a importância do escritório de processos está em sua ação estratégica, se for aplicado de modo competente, pois será possível "fortalecer a visão de processos como o eixo central de uma lógica inovadora e sistematizada de se pensar a operação de uma empresa", e sua presença estratégica pode ser obtida com a:

a) institucionalização do BPM (*Business Process Management*), numa tradução livre, seria o escritório da gestão de processos empresariais e no nosso texto o mesmo que gestão de processos, como vimos anteriormente;

b) "perenização ao longo dos anos os benefícios gerados associados à geração de excelência operacional, o correto mapeamento dos processos, aumento da visibilidade para tomada de decisão gerencial e fomento da inovação".

E para a consecução dos itens *a* e *b*, é fundamental que o escritório desempenhe três papéis centrais, que são:

1. *institucionalizar a gestão de processos enquanto um conjunto de soluções de gestão para aumento da performance da organização*. Portanto, é dar uma característica de permanência dessa unidade organizacional e entendê-la como sendo uma unidade decisiva e estratégica para o todo organizacional;

2. *gerar convergência entre as diversas iniciativas relacionadas à gestão de processos*. Ou seja, tomar a iniciativa sempre de demonstrar aos demais gestores que as ações da gestão de processos têm o propósito de aglutinar esforços, definir a centralização da gestão como sendo de relevante valor estratégico que conduzirá a empresa à excelência empresarial;

3. *buscar a excelência de cada iniciativa por meio de uma orientação a serviços especializados de aumentos de performance organizacional*. Os serviços especializados são na realidade a face mais importante do esforço de se buscar sempre a integração das demandas originadas das unidades de negócios, dando o suporte tecnológico necessário, compatibilizá-las com o esforço contínuo e, por vezes, invisível das unidades de apoio, fundamentais, é bom que se diga, para a desejada excelência global da organização.

Como vocês podem perceber, a presença de uma unidade central de processos vai gerar estratégias que terão de ser desenvolvidas de forma integrada, pois só assim se justificará a presença de uma unidade central, muitas vezes criticada por muitos, por considerarem que esta unidade tende a tornar tais ações demasiadamente burocratizadas e, por via de consequência, prejudicando os resultados desejados.

Finalizando o tópico favorável, é bom mencionar que:

a) já são visíveis os primeiros esforços de terceirização de uma unidade centralizadora visando à gestão de processos. É claro que o sucesso desse *outsourcing* (o mesmo que terceirização, em português) vai depender da forma de condução, articulação mesmo de pessoas e seus papéis e numa organização que deseje a centralização por considerar o sucesso da inovação uma certeza; e

b) tornar a unidade centralizadora vinculada diretamente às unidades de direção. É sabido que unidades que centralizam esforços dispersos têm a tendência de preferir, desejar a subordinação a unidades da administração superior, por sentirem ser possível uma ação mais coordenada e menos problemática na relação com outras unidades ou as demais unidades da organização.

Não à centralização

O não à centralização de uma gestão de processos não é uma característica visível na literatura técnica, queremos dizer, a literatura é fantasticamente favorável à existência de uma unidade que centralize a articulação, o mapeamento, a integração, inovações e envolvimento nos momentos de decisão, qualquer que seja o aspecto a ser definido. O que pesa contra a centralização é o que pesa contra qualquer centralização, ou seja:

a) *demora na decisão, burocracia alongada em função da necessidade de análise permanente de todo e qualquer processo.* O entendimento é extremamente relacionado à ampla necessidade de cuidados a cada passo de um processo, a cada ponto de interseção entre processos, a permanente busca pela correção em todo e qualquer momento da trajetória de processos. É sabido que uma inconsistência num momento x poderá resultar em perda de qualidade no processo ou em outros processos que dependam de alguma informação para prosseguimento. E passar a uma unidade centralizadora a responsabilidade da vigilância sobre essa burocracia fabulosa que insistimos na sua existência é que é razão para nossa dúvida no sucesso de uma ação centralizadora;

b) *é exigida a permanente coordenação entre todos os processos.* Permanente coordenação significa atenção permanente na gestão, e não sabemos como seria possível uma ação de coordenação por uma única unidade centralizadora. E isto significa dizer que, com o corpo funcional sabedor de uma coordenação centralizada, deixará a ela (coordenação) a função de... coordenar, e seria natural certa tranquilidade desse corpo funcional, sabedor da existência da unidade centralizadora e, portanto, coordenadora;

c) *na centralização o pressuposto é o conhecimento profundo de cada processo da organização.* Afinal de contas, um escritório de processos é para cuidar de todos os processos. No passado, tentativas de centralização dessa ou daquela função foram frustradas justamente pela natural ausência de talentos que tenham a competência exigida a quem vai cuidar de uma gestão que englobe os processos todos, críticos ou não, da organização;

d) *nossa preocupação é idêntica a qualquer outro esforço de centralização, ou seja, a natural dificuldade que apontamos acima.* E a nós preocupa, também, a adoção que já ocorre, embora em pequena escala, da terceirização da gestão de processos. Se vier a terceirização como opção final, que ela seja calcada em competência e em inequívocos talentos. A eventual terceirização demandará um quadro funcional profundamente conhecedor do cotidiano da organização. A tarefa da empresa terceirizada não será avaliar o que cada um faz aumentar ou reduzir ou eliminar responsabilidades aqui e ali. Será a de agir no sentido da perfeita adequação entre todos os processos, críticos ou não, e atender plenamente a especificidade de cada processo; falhas aqui e ali tornarão a gestão imprecisa e, por via de consequência, teremos uma queda na excelência pretendida;

e) *existindo a centralização da gestão de processos, existirá, por evidência, a centralização do processo decisório.* Isso significa dizer que poucos decidirão, e não o efetivo que tem a função gestora na organização. O que deve ser evitado é a excessiva centralização, mas acrescentamos que excessiva ou não será uma questão a ser mensurada, e sabemos que essa mensuração é difícil e pode ser realizada em momentos decisivos para a sobrevivência da própria organização. Falta de coragem ou falta de confiança por vezes geram a excessiva centralização (VILLARMOSA, 2010). E não será difícil imaginar que a falta de coragem ou mesmo a falta de confiança pode ter pouca ou nenhuma relação com a qualidade do trabalho em execução. As questões vinculadas a comportamentos podem ser constatadas sem a existência de uma unidade centralizadora.

FINALIZANDO

Ao compreender o que contempla um processo, ou seja, um conjunto de atividades sequenciadas que têm o objetivo de encantar o cliente, se torna evidente uma de suas características: a interfuncionalidade. Portanto, antes de tentar visualizar qualquer processo, saiba que este, na maioria das vezes, não cessa numa determinada unidade, mas sim atravessa as fronteiras das unidades organizacionais, sendo, por isso, chamado de horizontal ou interdepartamental.

Além disso, como constatado ao longo da leitura, somente após identificar os tipos de processos é possível tomar uma decisão sábia, pois na maioria das vezes os processos de gestão ou suporte acabam reservados a um segundo plano sem maior importância, o que influencia o resultado da organização e pode até colocar em questão a sua sobrevivência.

Em se tratando da evolução das propostas, podemos considerar que os estudos e as experiências realizadas por estudiosos clássicos constituíram o embrião dos conceitos de gestão de processos construídos atualmente. Apesar de haver muitas diferenças e divergências relacionadas com o passado, o princípio permanece o mesmo.

Portanto, apesar de todas as críticas atribuídas ao processo estabelecido no início do século passado, a verdade é que se conseguiu formalizar um método de trabalho, observando como as tarefas e o manuseio dos materiais eram executados, estudando as oportunidades de melhoria, que na visão dos estudiosos de então estavam concentradas na especialização do trabalho, o que resultou na homogeneização de como as atividades eram executadas.

Vale salientar que esta proposta vem sendo aprimorada, na medida em que as dificuldades organizacionais vão surgindo, subsidiando estudos e experiências para que estas barreiras sejam ultrapassadas, ao passo que os conceitos são gradativamente agregados, exigindo dos gestores um acompanhamento e melhoramento contínuos, o que garante a sobrevivência das organizações no mercado e faz da gestão de processos uma proposta moderna ao promover na organização a redução da relevância na avaliação departamental e focar na maximização do seu desempenho sistêmico sob o ponto de vista dos processos, promovendo um resultado coerente com o mundo globalizado.

Três técnicas de modelagem foram apresentadas para auxiliar o modelo de gestão ora proposto. Técnicas estas que vêm sendo utilizadas pelas organizações e que certamente ajudam nesta atividade complexa, mas essencial, que é gerir processos.

Vale ressaltar, contudo, que em nenhum momento tentou-se defender este ou aquele modelo, mas sim se buscou explicar suas propostas e formas de utilização, na medida em que acreditamos na ausência do melhor modelo. Existe sim aquele que melhor se adequará às necessidades de uma determinada organização, o que não necessariamente irá ocorrer em todas.

NOTA IMPORTANTE: Consideramos importante relacionar dois estudos de caso que, certamente, ajudarão na melhor compreensão deste capítulo. Ambos os casos permitem a inclusão e discussão de aspectos relevantes do capítulo.

ESTUDO DE CASO 1

Era fim de tarde e o grupo estava reunido para resolver um problema apresentado pelo professor de Cálculo 1 e a série de exercícios. Alexandre disse: "gente, amanhã temos aula de processos, gestão de processos, lembrem que o professor falou que essa gestão é uma nova forma de entender a organização. Em TGA não vimos nada disso". O Everaldo interrompeu Alexandre dizendo que em TGA houve realmente a menção de processos, não sabia se era sobre gestão de processos, mas tudo isso seria tratado na disciplina em outro período. Luiz Carlos, que tinha saído por um momento, retornara e decidira intervir, mas, querendo mostrar competência, foi logo afirmando: "processo é coisa de governo, de administração pública, e vocês não vão me dizer que não sabiam. Meu pai entrou com um pedido de aposentadoria, pois bem, lá no tal órgão do governo fizeram um processo que recebeu um número e disseram a ele que sempre que quisesses saber alguma coisa era só entrar na Internet e digitar o número. Aí ele ficaria sabendo que o processo foi de um funcionário para outro e para outro e assim até alguém deferir ou não o pedido, entenderam? No caso do meu pai o pedido foi deferido". Valdinar não resistiu e afirmou que Luiz Carlos falou sobre algo que mais ou menos existe na administração pública. "Processo é um termo antigo que se justifica porque é um conjunto de atividades sequenciais que apresentam relação lógica entre si, com a finalidade de atender e, preferencialmente, suplantar as necessidades e expectativas dos usuários, isso na administração pública. A empresa privada guarda uma enorme semelhança, mas a dinâmica é diferente, pois temos muitas unidades envolvidas, muitos gestores opinando e tudo isso voltado para o lucro, portanto, para a sobrevivência da empresa. Penso que seja por isso que a gestão de processos passou a existir, já que não era mais possível ter processos para lá e para cá, sem que houvesse pessoas, gestores no caso, com a função de não permitir a ineficiência no andamento desses processos. Na verdade, o surgimento da gestão de processos se deve ao fato de que os gerentes tendem a ter uma visão funcional e vertical de suas organizações, o que faz com que o gerenciamento também seja feito desta forma ou, então, os gerentes de mesmo nível tendem a perceber as funções do colega como inimigas e não como aliadas. Prefiro não me alongar e acho mesmo que é hora de a gente dar uma saída rapidinha, porque amanhã é dia de aula." Antes de saírem, Letícia disse: "Como é que você vê tudo isso?". "Simples", respondeu Valdinar, "minha irmã, Ana Clara, está no quarto período e eu me lembro de um dia ela ter me pedido para ajudá-la na compreensão de um texto que era sobre GESTÃO DE PROCESSOS, agora vamos embora!"

Gostaríamos que você e seu grupo, se for o caso, fizessem comentários sobre o que cada um no texto acima afirmou ou mesmo negou, que apontassem erros, acertos. Para encerrar, apontem como poderiam reagir caso estivessem com essas mesmas pessoas, ou seja, como poderiam contribuir para uma compreensão adequada sobre processos no mundo de hoje.

Nota: este caso é hipotético e qualquer semelhança com nomes de pessoas, localização, nomes de empresas será, rigorosamente, mera coincidência.

ESTUDO DE CASO 2

Uma importante empresa industrial situada num próspero município de São Paulo resolve, a partir de seu diretor-presidente, implantar a gestão de processos. Ele mesmo afirmou em palavras não tão agressivas, mas de forte conteúdo, que a empresa não poderia mais continuar com discussões intermináveis por parte de seus principais gestores sobre questões que, por vezes, nem relevantes eram. O diretor-presidente deu a determinação em reunião com todos os 26 gestores. Disse apenas: "Quero em poucos dias nossa empresa atuando com base numa muito bem idealizada gestão de processos. Lógico que a nossa estrutura organizacional está OK, não me preocupa, nem deve preocupar vocês. Vou sair e deixo Paulino, nosso gestor financeiro, como comandante desta reunião com o firme propósito de montar a equipe que em 15 dias me passará o projeto para implantação em mais 15 dias. Isso significa dizer que em 30 dias teremos uma nova empresa. Boa sorte".

Paulino pergunta quem gostaria de fazer parte da equipe e foi objetivo ao afirmar que os candidatos deveriam conhecer a gestão de processos. Não mais do que 14 gestores levantaram o dedo, informados da disponibilidade e do conhecimento dessa importante função, conforme é entendimento do diretor-presidente. A equipe foi fechada com cinco nomes e Paulino pediu a três algum detalhamento para futura elaboração do projeto. O gestor de recursos humanos foi indicado e aceitou ser o coordenador dos trabalhos.

A primeira reunião ficou para o dia seguinte, e lá estavam todos. As primeiras conversas foram em torno do nada, como acontece com alguma frequência. Mais à frente, Carina sugere que o trabalho deveria ser iniciado com uma ação de reengenharia, ou seja, zerar todos os processos e começar tudo de novo. "Em seguida, a gente faz um trabalho de gestão pela qualidade total. Para tanto a técnica que sugiro será composta por um único diagrama, o *Business Process Diagram* (BPD) ou Diagrama de Processo de Negócio, que pode ser usado de forma mais simples, mas com elementos para representar comportamentos mais complexos dos processos. Sendo assim, para a modelagem utilizando a técnica de BPMN, o processo irá representar o conjunto de atividades, e realizaríamos o mapeamento dos seguintes tipos de processos:

a) processos internos: aqueles realizados aqui dentro sem influência externa ou uma influência muito pequena;

b) processos abstratos: pertencentes a organizações do ambiente externo onde há uma interação entre os processos mapeados; e

c) processos de colaboração: assim como os processos abstratos, não pertencem à nossa empresa. A diferença é que devido a sua importância são detalhados da mesma forma que os internos.

A dificuldade está em como mapear os processos. Que símbolos utilizar? Por onde começar: internos, abstratos ou de colaboração? Décio interrompeu dizendo que sabia de caminhos para utilização no mapeamento, mas achava que não concordava com a aplicação da reengenharia e, em seguida, a utilização da conhecida gestão pela qualidade total. Carina disse que tinha a resposta, mas preferia que a equipe se encontrasse no dia seguinte e pedia que todos procurassem a literatura sobre o que estava sendo conversado ou mesmo conversasse com pessoas amigas de outras organizações para auxiliar nos trabalhos. Sandra disse que conhecia gente de uma empresa forte e que já tinha a gestão de processos em plena ação.

Desejamos saber se você ou seu grupo, se for o caso, teria caminhos para dar ou não suporte às primeiras proposições de Carina e se apoiariam ou não Décio. E mais, se haveria outra alternativa para que em pouco tempo fosse possível a instalação de uma gestão de processos que resultasse altamente positiva na busca do diretor-presidente por uma excelência organizacional.

Nota: este caso é hipotético e qualquer semelhança com nomes de pessoas, localização, nomes de empresas será, rigorosamente, mera coincidência.

QUESTÕES PARA DEBATE

1. No início deste capítulo, foi sugerido um exemplo cotidiano para facilitar a compreensão do que seriam processos. No que este exemplo ajudou seu entendimento do tema?
2. Defina com suas palavras "processo".
3. Comente a assertiva: processos de gestão e processos de suporte são sinônimos. Concorda? Discorda? Por quê?
4. O que são processos essenciais?
5. Diante do que foi apresentado, em que situações o modelo BPMN pode ser mais bem empregado? Justifique sua resposta.
6. Ao adotar a técnica de modelagem IDEF tendo como foco os processos, é sugerido que se utilizem duas técnicas IDEF. Que técnicas são estas? Por que é importante utilizar as duas?
7. Fazendo uso de uma das técnicas de modelagem, BPMN, IDEF e EPC, apresente um processo do seu cotidiano.
8. Demora na decisão, burocracia alongada em função da necessidade de análise permanente de todo e qualquer processo é razão suficiente para a instalação de um escritório de processos. Falso ou verdadeiro e por quê?
9. Ser a favor da descentralização do poder decisório na gestão de processos significa dizer que a pessoa é contra o escritório de processos?
10. A importância do escritório de processos está em sua ação estratégica, pois será possível "fortalecer a visão de processos como o eixo central de uma ló-

gica inovadora e sistematizada de se pensar a operação de uma empresa" e sua presença estratégica pode ser obtida com a...

REFERÊNCIAS

ARAUJO, Luis Cesar G. de. *Organização, sistemas e métodos e as tecnologias de gestão organizacional*. São Paulo: Atlas, 2011.

_____. *Teoria geral da administração*. Aplicação e resultados nas empresas brasileiras. São Paulo: Atlas, 2004.

BPMN. *Business Process Modeling Notation*, v.1.1. OMG. 2008. Disponível em: <http://www.omg.org/spec/BPMN/1.1/PDF>. Acesso em: 31 ago. 2010.

DAVENPORT, Thomas H. *Reengenharia de processos*: como inovar na empresa através da tecnologia da informação. Rio de Janeiro: Campus, 1994.

DEMING, Edwards W. *Qualidade*: a revolução da administração. São Paulo: Marques Saraiva, 1990.

DUARTE, Renato Lima. *O que não é medido, não é gerenciado*. 10 abr. 2010. Disponível em: <http://consultoriaiso.blogger.com.br/>. Acesso em: 24 set. 2010.

ELO Group. *Os 3 papéis estratégicos de um escritório de processos*. Jan. 2009. Disponível em: <http://www.elogroup.com.br/download/Artigo_Os%203%20Papeis%20Estrategicos%20de%20um%20Escritorio%20de%20Processos.pdf>. Acesso em: 28 jul. 2010.

GONÇALVES, José Ernesto Lima. As empresas são grandes coleções de processos. *RAE – Revista de Administração de Empresas*, São Paulo, v. 40, nº 1, p. 6-19, jan./mar. 2000.

_____. Processo, que processo? *RAE – Revista de Administração de Empresas*, São Paulo, v. 40, nº 4, p. 8-19, out./dez. 2000.

HAMMER, Michael. A empresa voltada para processos. *Revista HSM Management*, São Paulo, nº 9, p. 6-9, jul./ago. 1998.

_____; CHAMPY, James. *Reengenharia revolucionando a empresa* – em função dos clientes, da concorrência e das grandes mudanças da gerência. São Paulo: Campus, 1994.

HARRINGTON, H. James. *Business process improvement*: the breakthrough strategy for total quality, productivity and competitiveness. New York: McGraw-Hill, 1991.

IDEF0 – Integration Definition for Function Modeling. 1993. Disponível em: <http://www.idef.com/pdf/idef0.pdf>. Acesso em: 31 ago. 2010.

IDEF3 – Information Integration for Concurrent Engineering (IICE) IDEF3 Process Description Capture Method Report, 1995. Disponível em: <http://www.idef.com/pdf/Idef3_fn.pdf>. Acesso em: 31 ago. 2010.

JOIA, Luis A. *Reengenharia e tecnologia da informação*: o paradigma do camaleão. São Paulo: Pioneira, 1994.

LODI, João Bosco. *História da administração*. São Paulo: Pioneira Thomson Learning, 2003.

MOTTA, Fernando Claudio Prestes. *Teoria geral da administração*: uma introdução. São Paulo: Cengage Learning, 2004.

OLIVEIRA, Djalma de Pinho R. *Revitalizando a empresa*: a nova estratégia de reengenharia para resultados e competitividade: conceitos, metodologia, práticas. São Paulo: Atlas, 1996.

ROZENFELD, Henrique. *Processo de negócio*. Disponível em: <http://www.numa.org.br/conhecimentos/conhecimentos_port/pag_conhec/Bps.html>. Acesso em: 31 ago. 2010.

RUMMLER, Geary A.; BRACHE, Alan. *Melhores desempenhos das empresas*: uma abordagem prática para transformar as organizações através da reengenharia. São Paulo: Makron Books, 1994.

SCHEER, A. W. *ARIS* – Business Process Frameworks. New York: Springer Verlag Berlin, 1984.

VILLLARMOSA, Willian. Disponível em: <http://www.fgtec.com/professorwillian/dicas.cfm?id=9>. Acesso em: 31 jul. 2010.

WESKE, Mathias. *Business Process Management*: concepts, languages, architectures. New York: Springer Verlag Berlin, 2007.

3

Estratégias Organizacionais

Falar em estratégias diante da proposta de gerir processos é mais do que uma necessidade. Para tanto, primeiramente será apresentado um modelo com os principais conceitos a serem conhecidos e trabalhados na organização que deseja implantar a gestão de processos, para depois explorar as estratégias em si. Toda essa preocupação com o tema é mais do que justificada, na medida em que se refere a algo muito mais abrangente do que vem sendo apresentado nos últimos tempos.

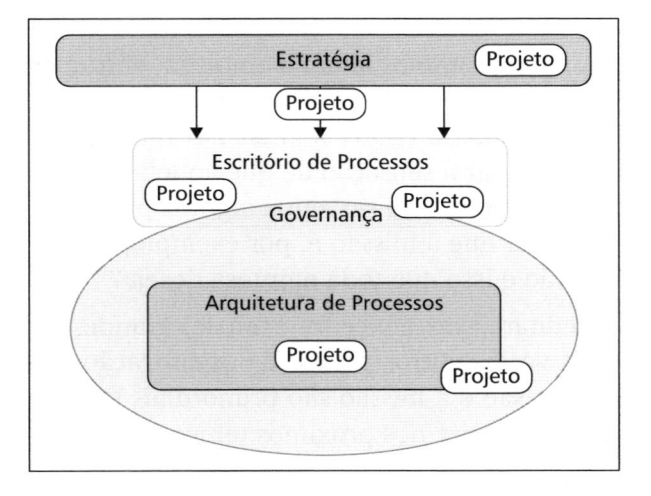

Figura 3.1 *Modelo de gestão de processos.*

Na Figura 3.1, é apresentado o modelo que será utilizado. Note, porém, que alguns itens como governança, por exemplo, não serão trabalhados neste capítulo, especificamente. Da mesma forma, a arquitetura de processos, que tem como insumo principal as técnicas de modelagem, já foi abordada no Capítulo 2. Isso acontecerá, pois, seguindo a proposta de gerir processos, cada item do modelo está intrinsecamente relacionado e conectado; logo, sem o conhecimento dos mesmos, e principalmente dos seus relacionamentos, um projeto de implantação desta gestão tende a falhas e até a fracassos.

Nesse sentido, o escritório de processos, existindo como órgão regulador, receberia os insumos da estratégia e se responsabilizaria por conduzir as possíveis mudanças, acionaria e coordenaria a governança que tem a responsabilidade de orquestrar os envolvidos e a arquitetura dos processos. Enquanto isso, o projeto está presente em todos os itens, podendo sumarizar objetivos de dois ou mais itens ao mesmo tempo. Isso quer dizer que cada iniciativa pode gerar um projeto, composto de objetivo, prazo de início e fim. Importante mencionar que anteriormente (item 2.6) apresentamos um estudo cuidadoso com relação à presença ou não de um escritório de processos numa estrutura organizacional. Vale a pena ler ou reler.

Sendo assim, está claro que, antes mesmo de se começar qualquer trabalho relacionado a processos, uma das premissas fundamentais é o conhecimento das estratégias organizacionais, sendo que estas últimas irão orientar os projetos e as atividades de processos. Resumindo, não estranhe se os componentes estiverem dispostos nos demais capítulos, pois o importante neste momento é salientar as estratégias, e, por que não dizer, a visão e missão das organizações.

3.1 VISÃO E MISSÃO

Muitas vezes, quando visitamos alguma empresa, entramos em algum banco ou conhecemos a área de alguma instituição, nos deparamos com aquele papel na parede onde estão descritas a visão e a missão. Num primeiro momento, aquela descrição pode até nos dar a sensação de que aquelas frases são apenas várias palavras bem combinadas, mas sem serventia alguma para o corpo funcional, afinal quem vai querer saber que a missão é, por exemplo, se tornar uma marca de expressão mundial? Não é isso que toda empresa deseja?

Todavia, não acreditar nestes conceitos é um dos grandes enganos; se as frases estão na parede e em vários outros pontos da organização, é porque devem ser vistas e conhecidas. A visão e a missão são primordiais para orientar o caminho que aquela organização seguirá nos próximos tempos.

Visão é "a idealização de um futuro desejado para a empresa" (OLIVEIRA, 1999), ou seja, como a empresa quer ser vista num futuro promissor. Estabelecer a visão da organização é extremamente importante para o alinhamento entre todos os seus colaboradores, pois todos devem ter a mesma visão esperada do futuro.

Com relação à missão, "é a definição do propósito da organização. O que a empresa deseja atingir em um ambiente maior" (KOTLER; ARMSTRONG, 2007). Dessa forma, a missão determina o foco nas tomadas de decisões e nas alocações de recursos do presente, orientando priorizações como, por exemplo, alocação de capital para determinado investimento. Em caso de diversas possibilidades de investimento, serão considerados os investimentos relacionados ao negócio da organização. Em outras palavras, aqueles que contribuem com a razão de ser da empresa, sua missão.

Ainda assim, vale ressaltar que não existem visão e missão separadas por áreas ou negócio; portanto, seus conteúdos devem ser claros de modo que a organização como um todo persiga os mesmos objetivos. Neste caso estão incluídas as atividades de apoio, por mais que, por vezes, estas declarem seu não envolvimento nos objetivos da organização, na prática seu resultado pode ter impacto no processo, e o cliente certamente não irá querer saber de quem foi a culpa.

Desta forma, a visão e a missão vão orientar a estruturação dos processos organizacionais, fornecendo subsídios ao gestor a fim de classificá-los dentro de sua cadeia de valor como primários e de apoio. Aliás, a visão, principalmente, por representar objetivos almejados e consequentemente incertos pode gerar diversas interpretações de significados, daí a importância de transformar estes objetivos em parâmetros específicos. Para tanto, Smith (2007) destaca algumas técnicas importantes, apresentadas no Quadro 3.1. São elas:

Quadro 3.1 *Técnicas para delimitar a visão (Smith)*

- elaborar um horizonte de planejamento;
- manter uma visão simples;
- a elaboração destes parâmetros não precisa gerar discussões exaustivas.

- elaborar um horizonte de planejamento. Por exemplo, chegando ao final do ano, identificar o que a empresa espera para os próximos cinco anos. Em outras palavras, se o ano é 2011, a partir deste momento onde a empresa quer estar no ano de 2015 ou 2016 depende da data em 2011;
- manter uma visão simples. Determinar o que a organização espera em resultados se o objetivo almejado for atingido. Por exemplo: total de vendas, número de clientes, expansão geográfica da organização, número de empregados etc.; e

- a elaboração destes parâmetros não precisa gerar discussões exaustivas e de longa duração, muito menos estes serem discutidos até atingirem a perfeição e, consequentemente, não precisarem de mudanças. Na verdade, no momento em que os líderes sentirem que a lista de parâmetros representa o "aonde" a organização quer chegar, então a discussão terá êxito.

Se observarmos, as organizações já dispõem de algumas destas técnicas, identificando pontos tangíveis ao descrever o próprio conceito de visão. Podemos identificar que a visão é elaborada por muitas empresas tendo como foco uma perspectiva de 10 a 20 anos.

Uma descrição subjetiva e um conteúdo vago devem dar lugar a uma descrição sucinta, clara e com objetivos tangíveis (Figura 3.2), com possibilidade de compreensão por todos os colaboradores da organização. Contudo, como saber se a visão e seus parâmetros estão caminhando de acordo com o planejado?

DESCRIÇÃO SUBJETIVA → DESCRIÇÃO SUCINTA, CLARA E COM OBJETIVOS TANGÍVEIS

Figura 3.2 *Objetivo da visão.*

Certamente não é aceitável aguardar o final do quinto ano programado na visão organizacional para verificar se os objetivos foram atingidos. Sabemos que durante este tempo o ambiente muda, os concorrentes mudam, os clientes mudam e, por via de consequência, as estratégias também mudam. Portanto, é um risco não acompanhar o planejamento elaborado. Seria como uma bola de neve, e após cinco anos ela está tão grande que não conseguimos controlá-la.

Nesse sentido, são os indicadores estratégicos que permitirão um acompanhamento do planejamento. Em outras palavras, com tais parâmetros será possível monitorar os resultados verificando se tudo aquilo que foi planejado está realmente acontecendo. Assim, podem-se identificar detalhes de aprimoramento ou falhas sem apontar determinado culpado, pois através da publicação dos indicadores os gerentes são nivelados e com isto podem estabelecer planos de ação condizentes com os objetivos da organização, como constam na Figura 3.3.

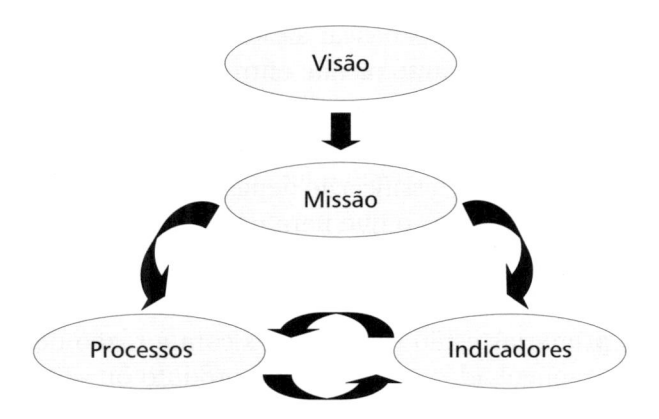

Figura 3.3   *O acompanhamento do planejamento.*

Portanto, a relação entre visão, missão, indicadores estratégicos e gestão de processos é simples. Os parâmetros extraídos da visão e missão são os insumos na elaboração dos indicadores estratégicos, sendo estes últimos os norteadores das ações voltadas a processos. No entanto, para que se possam definir os indicadores, trabalhar a cadeia de valor é fundamental, e é com este propósito que foi elaborado o tópico seguinte.

3.2 CADEIA DE VALOR

A cadeia de valor, criada por Michael Porter em 1985, e amplamente utilizada ainda hoje, visa à obtenção da vantagem competitiva através da análise da organização por atividades. Neste caso, a proposta é:

> desagregar uma empresa nas suas atividades de relevância estratégica para que se possa compreender o comportamento dos custos e as fontes existentes e potenciais de diferenciação (PORTER, 1989).

Sendo assim, na gestão de processos a cadeia de valor é um elo importante entre as estratégias da organização e suas atividades, ou melhor, seus processos. Inclusive, nas palavras de Porter, de nada adiantam os esforços em processos se estes não podem agregar vantagem competitiva. E é através da cadeia de valor que se tem o mapa dos macroprocessos da organização, sendo um sugestivo primeiro passo quando não se sabe por onde iniciar a gestão de processos.

A cadeia de valor como instrumento estratégico concentra esforços na análise dos vários processos organizacionais responsáveis em gerar algum tipo de valor ao cliente. Isso porque, sabendo como as atividades são executadas e como acontecem os elos entre elas, é possível buscar a diferenciação em relação ao mercado através de um processo mais barato e que entregue um produto/serviço de melhor qualidade.

Sua elaboração está estruturada na definição das atividades primárias e atividades de apoio. Contudo, esta classificação depende muito do ramo de atuação da organização. Em outras palavras, o que para uma empresa pode ser considerada atividade de apoio, para outra pode ser considerada atividade primária. O foco está em determinar o que gera valor para o cliente.

As atividades primárias estão relacionadas com a razão de ser da organização, ou as atividades envolvidas na criação do produto ou serviço. Já as atividades de apoio, como o próprio nome diz, refletem as atividades que dão suporte às atividades primárias. Na Figura 3.4, é apresentado um exemplo da cadeia de valores genérica.

Em suma, a abordagem da cadeia de valor subdivide a organização em macroprocessos, que por sua vez podem ser subdivididos em processos, sendo estes processos detalhados em atividades. Através dessa subdivisão, podem-se elencar os processos críticos ou cruciais à organização, podem-se definir critérios de priorização de investimentos, ou seja, após uma análise, qual processo deve sofrer alterações ou melhorias. Podem-se ainda definir indicadores de desempenho baseados em processos.

Fonte: Porter (1989).

Figura 3.4 *A cadeia de valores genérica.*

3.3 HIERARQUIA, CAMADAS DE DECOMPOSIÇÃO DA CADEIA DE VALOR

Para melhor compreensão dos processos organizacionais por todos os envolvidos, vale a frase "Dividir para conquistar". Para tanto, é através da hierarquia ou das camadas de decomposição da cadeia de valor que os envolvidos técnicos ou operacionais conseguirão relacionar os processos aos quais fazem parte com as estratégias da organização.

O contrário também é válido, ou seja, os executivos ou o corpo gestor conseguirão rastrear as estratégias e os processos aos quais representam. Nesta visão temos um mapa *top-down* (visto de cima para baixo) e outro *bottom-up* (visto de baixo para cima). Assim, na definição da cadeia de valor da organização é importante definir e divulgar como se estabelecerá o nivelamento dos processos, bem como as nomenclaturas empregadas.

Em se tratando do nivelamento dos processos, vale lembrar que consiste em definir e representar a hierarquia que os processos se estruturarão na cadeia de valor. Enquanto a nomenclatura permitirá uma consolidação e uniformidade dos conceitos para o ambiente daquela organização.

Como já apresentado anteriormente, o processo pode tanto representar um nível mais abrangente, quanto um nível mais detalhado, daí a importância de estabelecer uma diretriz dentro da organização. Por exemplo, o nível mais alto da cadeia de valor pode representar os processos, um nível mais baixo pode representar os subprocessos e o detalhamento destes subprocessos pode representar as atividades, conforme apresentado na Figura 3.5.

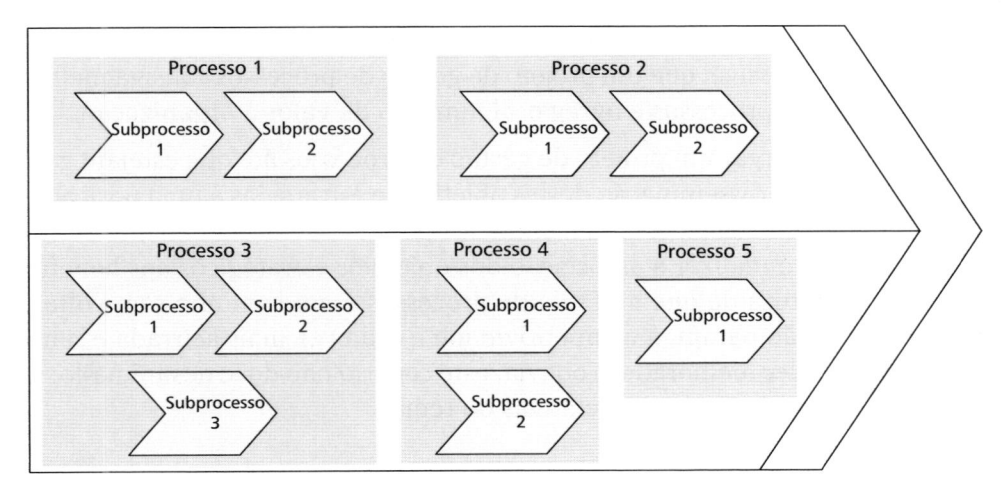

Fonte: Porter (1989) com adaptação dos autores.

Figura 3.5 *Hierarquia dos processos na cadeia de valor.*

Entretanto, como já mencionado, os processos não têm início, meio e fim. O trabalho não acaba simplesmente em algum dia, o trabalho nunca acaba, ou seja, os processos estão em constante transformação. Logo, muitas vezes as falhas e as decepções na implantação da gestão de processos estão centralizadas nos processos em si e não nos projetos. Visto que os projetos sim têm começo, meio e fim e surgem para atingir determinado objetivo, são uma ótima maneira de visualizar os resultados da gestão de processos.

FINALIZANDO

A razão de vida da organização está intrinsecamente ligada a suas estratégias. Daí a afirmação de que os processos têm vida e estão em constante transformação. Isso quer dizer que qualquer oscilação do ambiente externo, por exemplo, pode gerar mudanças de estratégia e certamente dos processos.

Note, contudo, que não é objetivo desta obra ensinar a elaborar e definir as estratégias da organização; para isso, há muitas publicações e especialistas no assunto. Aqui o foco é apresentar a relação do tema com a gestão de processos, enfatizando seus benefícios e as possíveis falhas na sua omissão proposta, esta pouco explorada pela literatura existente.

Seguindo esta proposta, foi visto que um dos maiores erros das organizações na implantação da gestão de processos é a não consideração de suas estratégias. Muitas vezes pensa-se primeiro na obtenção de resultados fáceis e ganhos rápidos em detrimento da razão de ser da organização, o que certamente compromete o sucesso de um projeto deste porte.

O fato é que, sem a definição e o conhecimento dos objetivos e das definições estratégicas, é impossível que um projeto de gestão de processos consiga melhorar o desempenho dos processos e agregar algum tipo de valor à organização.

Portanto, postergar um projeto de gestão de processos até que estejam garantidas a definição e a disseminação destes objetivos e estratégias é uma posição que não pode ser desprezada, mesmo sabendo que pode ser demasiadamente demorado. O importante é realizar a associação dos objetivos estratégicos aos benefícios do projeto na certeza de que a gestão de processos é um caminho sem volta. Os acontecimentos não param, a competitividade é cada vez mais acirrada e sempre há algo que pode ser melhorado. Todavia, este cenário não deve desanimá-lo, mas sim instigá-lo em relação às expectativas do tema.

ESTUDO DE CASO

Em Porto Alegre, o professor em sala de aula disse que a visão e a missão devem ser elaboradas com o propósito de indicar caminhos para uma correta estruturação da organização como um todo e, logicamente, indicar caminhos para a boa gestão dos processos organizacionais. Vale acrescentar que a visão, principalmente, por representar objetivos almejados e consequentemente incertos, pode gerar diversas interpretações de significado, daí a importância de transformar esses objetivos em parâmetros específicos. Daí dirige-se a um participante de um curso, você, e dá a tarefa para dois dias depois: "pense numa organização qualquer, mas média tendendo a grande, e estabeleça visão e missão. Note que não permito que você copie da Internet ou de qualquer livro, mas aí você não estará me enganando e sim enganando a você. Sugiro que você se utilize de alguma ou algumas técnicas de elaboração – como você sabe as técnicas servem para facilitar o trabalho de criação – e me informe que técnicas utilizou para me apresentar a visão e missão da organização. Em seguida, me apresente por escrito um modelo estratégico para, por exemplo, que se alcance uma excelente gestão de processos. Muitos consideram que nas estratégias para o alcance de uma excelente gestão de processos é fundamental se considerar a cadeia de valor. Aqui no Sul nós sabemos que muitas organizações trabalham a proposta da cadeia de valor. Nem pense nisso, mas se desejar dê a informação e justifique o porquê de você achar que a cadeia de valor vai agregar algo positivo no estabelecimento de estratégias. Deixe-me colocar de uma forma diferente: você pode fazer uso da cadeia de valor se considerar que vai agregar algo importante para a gestão de processos. Não leve em consideração o meu desinteresse por cadeias de valor, e sabe por quê? Porque tudo agrega, não há uma cadeia específica para o que é valor, tudo vale. Da mesma forma, não acredito que haja unidades meios e unidades fins, todas trabalham para as finalidades da organização, mas isso é para outra aula. Feito tudo isso, trace algumas linhas que permitirão o estabelecimento de estratégias. E, para terminar, abra um tópico especial e considere a relevância de um escritório de processos na estrutura organizacional, ou seja, até que ponto haveria uma contribuição efetiva para a gestão plena dos processos na organização. Vá em frente e veja que não há objeção de desejar agregar mais dois ou três colegas neste trabalho, que não considero simples ou de fácil elaboração".

Nota: este caso é hipotético e qualquer semelhança com nomes de pessoas, localização, nomes de empresas será, rigorosamente, mera coincidência.

QUESTÕES PARA DEBATE

1. Qual foi o intuito dos autores ao apresentar um modelo de gestão de processos logo no início deste capítulo?
2. Como se dá a relação entre os elementos do modelo de gestão proposto?
3. Conceitue com suas palavras missão e visão.
4. Para definir os parâmetros da visão são sugeridas técnicas. Que técnicas são estas? Como elas auxiliam o processo como um todo?
5. Explique como funciona a cadeia de valor criada por Michael Porter e qual sua importância nos dias de hoje.
6. Por que foi afirmado que a classificação da cadeia de valor em atividades primárias e secundárias depende muito do ramo de atuação da organização?
7. Para que servem as camadas de decomposição da cadeia de valor? Elas são relevantes para a gestão de processos?
8. No que consistem os mapas *top-down* e *bottom-up* e qual a importância de conhecê-los?
9. Comente a assertiva: na definição da cadeia de valor da organização é importante definir e divulgar como se estabelecerá o nivelamento dos processos bem como as nomenclaturas empregadas. Concorda? Discorda? Por quê?
10. Diferencie com suas palavras projetos e processos.

REFERÊNCIAS

FORBES. Disponível em: <http://www.forbes.com/lists/2010/18/global-2000-10_The-Global-2000_Rank.html>. Acesso em: 5 jun. 2010.

KOTLER, Philip; ARMSTRONG, Gary. *Princípios de marketing*. Rio de Janeiro: Prentice Hall, 2007.

OLIVEIRA, Djalma de Pinho Rebouças de. *Planejamento estratégico*: conceitos, metodologias e práticas. 13. ed. São Paulo: Atlas, 1999.

PETROBRAS. Disponível em: <http://www.petrobras.com.br/pt/quem-somos/estrategia-corporativa/>. Acesso em: 26 maio 2010.

PORTER, Michael E. *Vantagem competitiva*: criando e sustentando um desempenho superior. 34. ed. Rio de Janeiro: Elsevier, 1989.

SMITH, Ralph. *Business Process Management and the Balanced Scorecard*: using process as strategic drivers. Hoboken, New Jersey: John Wiley, 2007.

4

A Relevância da Governança na Gestão de Processos

O termo *governança* na gestão de processos é recente, entretanto os principais componentes deste tema, veremos adiante, são conhecidos, e na maioria das vezes mencionados separadamente, tanto nas definições de gestão organizacional quanto nas definições de processos. Nos próximos parágrafos, procuraremos abordar primeiramente, para melhor compreensão do tema, como a governança na gestão organizacional subsidiou a governança na gestão de processos e como contribuiu para a definição de sua estrutura, características e benefícios.

A governança ganha maior importância e torna-se imprescindível na gestão de processos quando falamos em organizações abertas. Nas organizações abertas, os processos estão conectados, tanto internamente – processos com processos da própria organização –, quanto externamente – processos com processos de outras organizações, neste caso envolvendo também clientes e fornecedores.

Para subsidiar o parágrafo anterior, podemos dizer que, em essência, trabalhar com processos em silos é transparente, sem maiores complicações ou segredos de integração. Como já mencionado anteriormente, é algo que vem acontecendo desde o século XX, onde temos um cenário relativamente conhecido, formado por verticais, apenas um contexto por vertical, apenas um objetivo na execução do processo e, o mais importante, as pessoas envolvidas na maioria das vezes seguem o mesmo interesse. Já quando relacionamos os processos horizontalmente, temos contextos diferentes, objetivos diferentes, e as pessoas envolvidas têm interesses diferentes. O papel da governança ganha importância justamente neste ponto, que tem sob este cenário a função de garantir a uniformidade dos interesses da organização, ao contrário dos interesses verticalizados. Quando mencionamos os interesses da organização, podemos afirmar, neste sentido, que a governança deve orientar e orquestrar a gestão de processos, tendo como base os objetivos estratégicos estabelecidos, ou, em outras palavras, a visão de futuro da organização.

4.1 O QUE É GOVERNANÇA DE PROCESSOS?

A *governança* tornou-se um termo consagrado atualmente, muitas vezes até usado de forma abrangente demais, não representando seu real significado. Para contextualizarmos o termo *governança* na gestão de processos, inicialmente apresentaremos as motivações de existência e crescimento do termo *governança corporativa* no âmbito organizacional, e posteriormente mostraremos a sua relação e seus impactos na visão de processos.

A governança corporativa ganhou espaço no mundo organizacional a partir das determinações da lei *Sarbanes Oxley* (SOX). Promulgada em 25 de julho de 2002, após escândalos na bolsa americana envolvendo o desvio de valores por grandes empresas globais, a lei teve como principal motivação restabelecer a confiança dos investidores, dando maior transparência às informações geradas pelas organizações. Em essência, define a estrutura de como as decisões são tomadas na organização e atribui responsabilidade civil e criminal pelos resultados ao corpo de diretores. Em outras palavras, resumidamente, todas as empresas que atuam no mercado acionário ou que estão presentes em setores da economia mais fortemente regulamentados devem assegurar que seus processos estejam aderentes aos requisitos da governança corporativa.

Para a definição de governança corporativa, segundo o Instituto Brasileiro de Governança Corporativa, temos:

> Governança Corporativa é o sistema pelo qual as organizações são dirigidas, monitoradas e incentivadas, envolvendo os relacionamentos entre proprietários, conselho de administração, diretoria e órgãos de controle. As boas práticas de governança corporativa convertem princípios em recomendações objetivas, alinhando interesses com a finalidade de preservar e otimizar o valor da organização, facilitando seu acesso ao capital e contribuindo para sua longevidade.

Com base na conceituação acima, a governança deve incorporar a ideia de controle e da prestação de contas, o que para gestão dos processos torna-se perfeitamente adequado e extremamente necessário. Justificaremos e entenderemos o porquê logo adiante.

Jeston e Nelis (2008) determinam a governança como o elemento central na proposta de seu modelo de gestão de processos (*vide* Figura 4.1). Segundo os autores, este elemento é o principal responsável pela integração entre a execução dos processos, a execução dos projetos de processos, as estratégias organizacionais e o relacionamento entre elas. Destacando a execução dos projetos e a execução dos processos, em síntese, os autores enfatizam na execução dos projetos uma forma de estabelecer um programa de melhoria de processos, onde, para este programa, se têm objetivos a serem cumpridos, com data prevista para iniciar e terminar, recursos humanos alocados e conhecidos e resultados esperados. Uma vez tendo a visão dos projetos, é possível, através deste acompanhamento, realizar ações preventivas para riscos identificados e ações corretivas para incidentes; é possível também estabelecer o comprometimento das pessoas, uma vez que suas atividades estão formalizadas. Já na execução dos processos, os autores caracterizam sua operacionalização, ou, em outras palavras, os processos em funcionamento, que entregam ao final de suas atividades, os produtos ou serviços a eles determinados. Vale ressaltar que uma das saídas desta fase é o registro de insumos à fase de execução dos projetos, o que nos mostra a interação destas fases, e sob esse aspecto, os autores chamam a atenção para a concorrência dos recursos. Os mesmos recursos responsáveis pelo bom funcionamento dos processos também são os recursos responsáveis pelos projetos de melhoria dos processos. Esta concorrência fatalmente será encontrada na organização voltada a processos e deve ser muito bem administrada.

Figura 4.1   *Modelo de gestão de processos de Jeston e Nelis.*

Hammer (2007) também destaca a importância da governança em seu modelo de maturidade organizacional e de processos (*Process and Enterprise Maurity Model* – PEMM), representado pela Figura 4.2. O autor considera a governança uma das quatro capacidades de maturidade da organização, dentre os quais também são destacadas: liderança, cultura e *expertise*. Nesse contexto, são itens essenciais da governança: modelo de processos, responsabilidade e integração, aos quais a organização, para cada item, pode chegar até o nível quatro de maturidade. Hammer (2007) dá a sua contribuição ao tema quando define que os modelos de processos da organização devem ser conhecidos por todos, e que para isso é necessário que estejam padronizados e disponíveis. Os processos devem ter formalmente seus respectivos gestores, onde defende o autor que gerentes de áreas específicas podem responder pelo processo que está sob seu comando. Defende também a existência de uma estrutura formal, como o escritório de processos, que é o responsável em coordenar e integrar todos os projetos de processos; e a formação de um conselho para cuidar de questões de integração interprocessos.

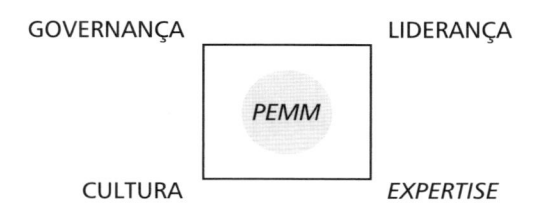

```
       GOVERNANÇA              LIDERANÇA
                 ┌─────────┐
                 │  PEMM   │
                 └─────────┘
       CULTURA                 EXPERTISE
```

Figura 4.2 *Modelo de maturidade organizacional e de processos* (Process and Enterprise Maturity Model – Hammer).

É interessante notar que o autor, de certa forma, menciona a estrutura organizacional da empresa, onde podemos destacar a relação com a hierarquia e o velho organograma. Quando mencionado que gerentes de áreas específicas podem responder pelos processos, em outras palavras, significa que um gerente de determinada área, além de responder pelas atividades de sua gerência, também responderá aos padrões, regras e procedimentos estabelecidos pela organização para gestão de processos, e isso é muito importante quando falamos na organização que está iniciando ou está na fase de transição para visão de processos. Isto quer dizer que, apesar das contradições existentes entre hierarquia e visão de processos, a estrutura formal deve ser usada como um fator positivo e não impeditivo.

A Figura 4.3 exemplifica uma proposta de relação entre a estrutura organizacional e os processos identificados. No exemplo, podemos observar o papel da gerência como gestor ou participante sobre um ou mais processos. Em muitos casos, as gerências podem ser gestoras de mais de um processo, o que vai depender do detalhamento e da proposta de responsabilidade definida pela gerência executiva ou diretoria. Em outras palavras, um macroprocesso pode ser desdobrado em *n* processos, e nesse caso a gerência pode ser responsável pelo macroprocesso e pelos processos que o compõem. É importante chamar a atenção para processos que permeiam a estrutura organizacional, nesta situação, muitas vezes há dúvidas em identificar qual das gerências será o gestor. Vale ressaltar que, independentemente das áreas envolvidas ou participantes, é importante a identificação de apenas um gestor. Entretanto, os participantes também têm um papel importante nesta formação, são eles que contribuem nas definições e tomadas de decisões relacionadas ao processo.

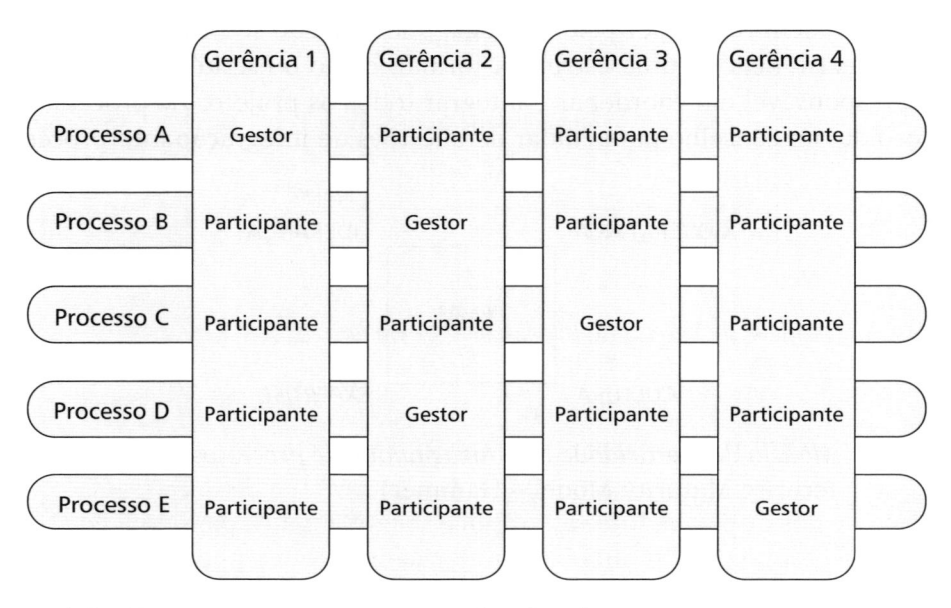

	Gerência 1	Gerência 2	Gerência 3	Gerência 4
Processo A	Gestor	Participante	Participante	Participante
Processo B	Participante	Gestor	Participante	Participante
Processo C	Participante	Participante	Gestor	Participante
Processo D	Participante	Gestor	Participante	Participante
Processo E	Participante	Participante	Participante	Gestor

Figura 4.3 *Processos × estrutura organizacional.*

Para a gestão de processos, a governança é o conjunto de regulamentos, políticas e leis que direcionam todas as atividades da gestão dos processos. Em outras palavras, a governança permitirá que seja realizada a gestão. Exatamente conforme a governança corporativa, a governança dos processos determina e controla os papéis e responsabilidades dos envolvidos, bem como determina ferramentas de utilização e métodos.

No modelo sugerido, a governança direciona a arquitetura dos processos e sua condução fica sob a responsabilidade do escritório de processos.

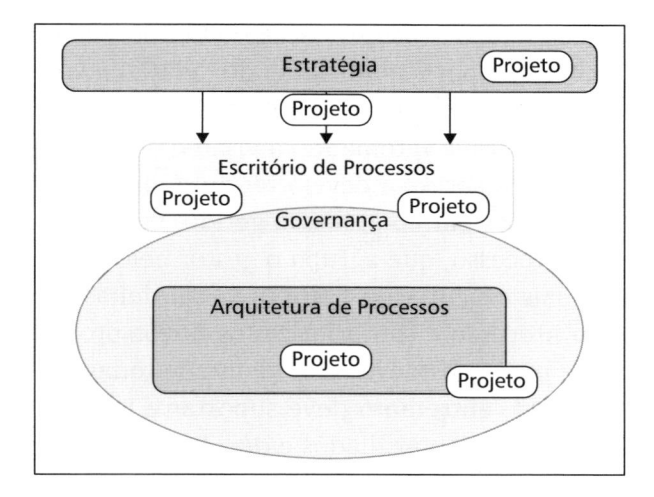

Figura 4.4 *Modelo de gestão de processos – governança.*

4.2 PRINCIPAIS ELEMENTOS DA GOVERNANÇA

De posse dos direcionadores estratégicos, a governança para uma boa condução à gestão de processos e uma boa interação entre os componentes do modelo deve conter os seguintes elementos presentes no Quadro 4.1:

Quadro 4.1 *Principais elementos da governança*

Elemento	Descrição
Objetivos	O que a organização pretende com a gestão de processos.
Processo decisório	Define a estrutura e os critérios de escalonamento para as tomadas de decisão.
Papéis e responsabilidades	Conjunto de atribuições definidas e formalizadas para cada um dos envolvidos.
Padronização	Contempla as técnicas e as formas de modelagem, os métodos e as ferramentas que darão suporte às atividades de processos.

a) objetivos: os objetivos representam o que a organização pretende com a gestão de processos. Devem estar muito bem definidos, e devem ser eficientemente divulgados. São estes objetivos que vão orientar todos os envolvidos nos trabalhos voltados a processos;

b) processo decisório: o processo decisório define a estrutura e os critérios de escalonamento para as tomadas de decisão aos quais estão as pessoas envolvidas com a gestão de processos. Para fins de exemplificação, com base na Figura 4.5, tomando a visão de baixo para cima, temos os gestores de processos, que devem ter autonomia para executar as mudanças necessárias para o processo gerido. Logo acima, é representado o comitê de processo, que agrupa o gestor pelo processo e as unidades organizacionais executoras. Neste nível são feitas as comunicações relevantes do processo e são priorizados novos projetos e iniciativas. O escritório de processos deve estar ciente de todas as ações envolvendo toda a estrutura, entretanto deve suportar e estar presente no comitê integrador, onde serão avaliados e decididos impasses interprocessos e onde serão identificadas as melhorias de forma integrada. A diretoria vem como última instância, suportada também pelo escritório de processos, realiza as decisões com base nos argumentos da comissão integradora. Nota: Havendo dúvidas é fundamental a leitura do tópico 2.6, que é tópico específico de escritório de processos;

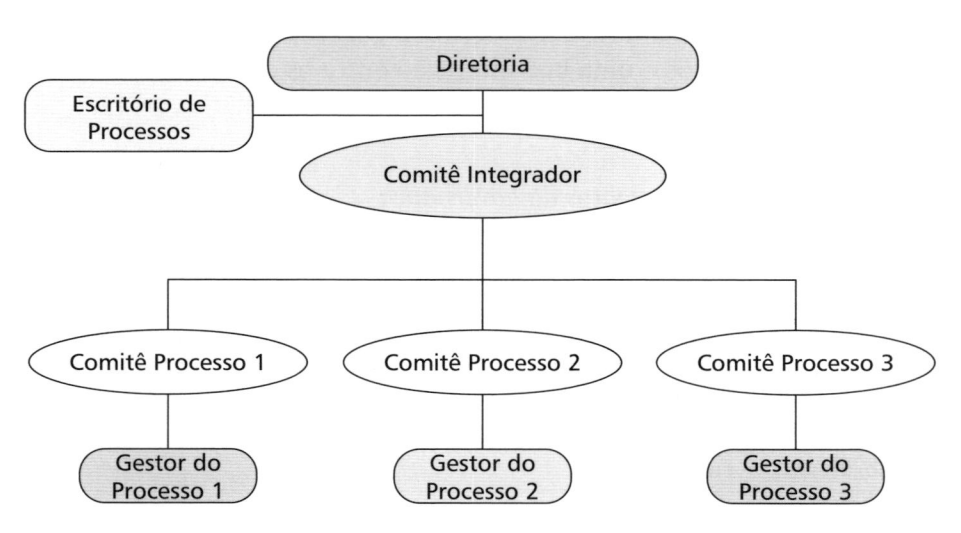

Figura 4.5 *Estrutura da governança.*

c) papéis e responsabilidades: os papéis e responsabilidades correspondem ao conjunto de atribuições definidas e formalizadas para cada um dos envolvidos na governança dos processos, bem como para suas diversas interações. No Quadro 4.2, listamos os principais papéis e responsabilidades que serão explicitados a seguir;

d) diretoria: a liderança da diretoria consiste no desafio de descentralizar o poder e distribuí-lo aos gerentes e ao pessoal da linha de frente. Somente uma liderança firme consegue influenciar adequadamente as pessoas envolvidas, tanto gerentes quanto executores. Entretanto, não deve estar concentrada nas mãos de um único executivo, mas sim de um grupo, uma vez que a tendência de um único gerente é limitar seu território, dando ênfase às funções perdendo o foco no cliente (HAMMER, 2001; DAVENPORT, 1994).

Dentro dos papéis definidos para a governança segundo nossa proposta, a diretoria é responsável por mediar o comitê integrador, decidindo questões políticas tanto para os processos quanto para os projetos de processos; tem também a responsabilidade de apoiar e atribuir o "poder" necessário ao escritório de processos, permitindo que este seja seu braço direito para as questões envolvendo processos. Na impossibilidade da instalação de um escritório de processos, algo semelhante deverá ser feito. Por exemplo, um comitê ou grupo de trabalho, certamente, vinculado à administração superior.

Quadro 4.2 *Papéis e responsabilidades dos envolvidos na governança dos processos*

Papéis	Descrição	Responsabilidades
Diretoria ou corpo de executivos	Deve estar bem estruturada e ter envolvimento ativo junto às gerências responsáveis pelos processos.	(HARRINGTON, 1993) – pensar sob a perspectiva de processos; – definir a estratégia empresarial adequada às exigências dos clientes; – definir os processos críticos; – definir os recursos financeiros e humanos necessários; – garantir que os objetivos dos processos estejam entendidos pelo corpo gerencial; – estabelecer e manter a comunicação interfuncional; – definir recompensas e reconhecimento; – monitorar o desempenho; – resolver conflitos não administráveis por escalões inferiores.
Gestor do processo ou proprietário	Aquele que coordena as funções do processo, mas não necessariamente as realiza.	(RUMMLER; BRACHE, 1994) – monitorar o desempenho dos processos e manter informado seu superior sobre como o processo está se comportando em relação aos objetivos dos clientes e aos objetivos internos; – assegurar que a equipe esteja engajada no aperfeiçoamento do processo; – facilitar a resolução dos conflitos interfuncionais; – elaborar um plano de processo e orçamento; – responder pelo processo e defendê-lo; – avaliar e certificar.
Comitê gestor	Representado pelas unidades organizacionais que realizam as atividades do processo.	(KORHONEN, 2010) – garantir o alinhamento entre as estratégias organizacionais e seu desdobramento para os níveis abaixo; – patrocinar as iniciativas de processos na organização; e – priorizar os projetos nos processos.
Comitê integrador	Representado pelos diversos gestores.	– decidir sobre os impasses interprocessos; – articular as interfaces entre os processos; e – garantir o alinhamento entre todos os envolvidos.
Escritório de processos	Principal responsável em definir e implantar a governança de processos.	(JESTON; NELIS, 2008) – prover o suporte para a gestão de processos; – controla e mantém os processos; e – apoia e participa dos projetos de processos.

- gestor do processo: ele é responsável em obter os recursos necessários para sua manutenção e implantação, mediar conflitos burocráticos e obter a integração e cooperação dos demais envolvidos (HAMMER, 2001).

  Após a institucionalização de qualquer processo, a análise de desempenho garantirá o uso efetivo e a definição de melhorias. O gestor supervisiona os resultados de desempenho e tem a responsabilidade de acompanhar o desempenho interfuncional dos processos, minimizando a existência de lacunas, o que muitas vezes é omitido pela tendência de os profissionais concentrarem esforços em funções.

  Como não é possível desvincular a estrutura hierárquica da gestão de processos, além das responsabilidades citadas acima, o ideal é que o gestor ocupe uma posição na gerência que garanta sua autoridade. Entretanto, uma posição hierárquica superior não é o suficiente, é recomendado que o gestor também tenha presença hierárquica sobre o maior número de pessoas que executam o processo sob sua responsabilidade (RUMMLER; BRACHE, 1994).

  Davenport (1994) alerta sobre a relação entre o papel de gestor do processo e os cargos gerenciais. Apesar de ser considerada uma característica positiva, deve ser levado em consideração que, muitas vezes, o fato de chegarem a estas posições administrativas ocorre através de interesses próprios e políticos, o que prejudica a formação de equipes e consequentemente o trabalho por processos. Uma das dificuldades encontradas é fazer com que os gerentes seniores trabalhem como equipe, parando de pensar funcionalmente para pensar interfuncionalmente, voltando-se para os interesses da empresa.

  Características pessoais também interferem na gestão de um processo. Um processo tende a ter sua maturidade com gestores que tenham um conhecimento abrangente de todas as suas etapas, que conheçam os efeitos do ambiente sobre o processo e ainda que tenham habilidades e capacidade de influenciar outros gestores e executores.

  Harrington (1993) completa o papel do gestor enfatizando que o profissional deve trabalhar para definir as fronteiras do processo, preparar adequadamente sua equipe através de treinamentos, definindo subprocessos, delegando gestores para tais e cuidando de sua automação e mecanização.

- comitê gestor: concordamos com Korhonen em suas definições; entretanto, conforme já mencionamos anteriormente, adicionamos às definições do autor a importância da estrutura organizacional. O que queremos dizer com isso é que, na maioria das vezes, os processos são transversais a esta estrutura, ou, em outras palavras, temos a participação de mais de uma unidade organizacional, ou gerência, nas atividades do processo. Quando temos este cenário, o comitê gestor ganha maior ênfase, pois é importante que ele seja formado por membros das gerências participantes. O gestor nestes casos não perde sua característica principal, continua sendo o responsável pela consolidação das informações, apresentação, monitoramento e controle do processo, mas o comitê fica responsável pela priorização dos projetos e pela aprovação das iniciativas voltadas ao processo em questão;

- comitê integrador: o papel do comitê integrador, muitas vezes, pode se confundir com o papel do comitê gestor. Na realidade, cada papel possui responsabilidades diferentes e ambas são primordiais. Enquanto o comitê gestor é representado pelas unidades organizacionais que realizam as atividades do processo, o comitê integrador é representado pelos diversos gestores. Sabemos que, quando trabalhamos por processos, os artefatos de saída de um determinado processo são entradas em outros, e muitas vezes essa interação requer um melhor alinhamento entre gestores;

- escritório de processos: pela importância do tema, resolvemos dar maior ênfase no tópico 2.6 em capítulo anterior, e havendo dúvida convém retornar ao tópico. De fato, o escritório seria o principal responsável em definir e implantar a governança de processos na organização. E é certo que os estudiosos da governança preferem nitidamente a presença de uma unidade centralizadora, como seria o escritório de processos;

- padronização: disseminamos no item "Técnicas de Modelagem" os exemplos mais utilizados de desenho de processos. Vale lembrar que as técnicas de modelagem apresentadas são apenas uma das padronizações a serem estabelecidas pela governança de processos. A padronização deve conter também: as formas de modelagem, os métodos e as ferramentas que darão suporte às atividades de processos, sintetizadas no Quadro 4.3.

Quadro 4.3   *Elementos da padronização*

Ferramentas	Descrição	Tópicos fundamentais
Metodologia para modelagem	Documento que descreve orientações gerais para a modelagem dos processos.	– as premissas da modelagem, como, por exemplo, alinhamento com as estratégias da organização ou o uso obrigatório da ferramenta homologada pela área responsável; – as técnicas de levantamento de informações, o que pode compreender: entrevistas, questionários, reuniões específicas, entre outras formas de levantamento; – produtos a serem entregues no levantamento da situação atual ou *"AS-IS"*; – como os pontos críticos devem ser evidenciados para a modelagem da situação futura *"TO-BE"*; e – como o processo final deve ser redesenhado, divulgado e disponibilizado.
Métodos de avaliação dos processos	Devem ser definidas as formas de medição do seu desempenho, o que quer dizer avaliação de sua eficiência e eficácia.	Estrutura de análise crítica desses resultados, o que envolve: – os períodos de medição dos processos; e – a maneira como esses resultados serão avaliados. Deve também ser evidenciado neste método o local de armazenamento dos resultados e como estes serão disponibilizados aos colaboradores.
Notação para modelagem de processos	Documento que representa o padrão de notação para modelagem de processos.	– explicações sobre a simbologia adotada; – principais definições de termos; – descrição dos símbolos; – definição e descrição dos produtos a serem entregues ao final da modelagem; e – qual ferramenta será usada para o armazenamento dos desenhos.
Ferramenta	Representa todo ferramental utilizado nas atividades de gestão de processos.	– realizar treinamentos a todos os envolvidos nas atividades de processos, principalmente aqueles responsáveis em manusear a ferramenta; e – elaborar e disponibilizar um manual detalhado descrevendo como a notação adotada é construída na ferramenta.

FINALIZANDO

Após diversos pontos evidenciados, ficam claros os benefícios da governança para a gestão. Vimos que este gerenciamento regulamenta a forma como a gestão de processos é conduzida, garante o alinhamento dos processos e da estrutura organizacional, corrobora nas tomadas de decisão, permitindo o foco de integração entre os processos, ajuda no alinhamento dos aspectos táticos da organização e os esforços de processos e, o mais importante, determina a relação entre as pessoas, mantendo-as envolvidas e livre de "culpa", já que o processo é o mandatório.

ESTUDO DE CASO

A organização X, situada no Estado de Santa Catarina, estava por adotar a governança corporativa, e a direção superior contratou Décio, consultor, para que fosse levantada a questão da conveniência ou não da adoção dessa nova forma de se dar uma dinâmica que tornasse a organização mais competente e mais competitiva, pois era sabido que outras indústrias já vinham adotando esta tecnologia.

E lá estava às 9 da manhã o consultor pronto para iniciar a palestra com membros da direção superior (não todos) e o corpo pleno de gestores. Começou definindo: "Governança Corporativa é o sistema pelo qual as organizações são dirigidas, monitoradas e incentivadas, envolvendo os relacionamentos entre proprietários, conselho de administração, diretoria e órgãos de controle".

Sendo assim, entendia que a governança deveria incorporar a ideia de controle e prestação de contas, mas ele, consultor, era contrário à tarefa de prestação de contas. Disse que esta seria uma tarefa de auditoria e nunca da governança corporativa. E afirmou que sabia de autores que entendiam a governança como o elemento central na proposta de seu modelo de gestão, mas pensava diferente. Entende que a governança pura e simplesmente amarraria, engessaria a organização, não permitindo uma flexibilização, hoje entendida como sendo uma conquista dos autores mais liberais. Esses liberais mantêm essa posição porque no mundo moderno das organizações é essencial se ter alternativas a cada movimento e nunca aprisionar a organização com métodos extremamente rigorosos e de pouca possibilidade para ajustes. O consultor neste momento foi enfático, afirmando categoricamente e perguntando à pequena plateia:

"Vocês acham que será possível elaborar, aplicar e manter um programa de melhoria de processos, como pregam os estudiosos da gestão pela qualidade total, sem flexibilizar essa chamada governança corporativa? Entendo uma governança onde seja possível a discussão, o debate, a procura pelo melhor caminho.

Essa forma de governar uma organização ganhou corpo a partir da Lei *Sarbannes Oxley*, mais conhecida pelas letras *SOX*, que foi promulgada pelo governo americano em face dos escândalos, envolvendo grandes empresas globais. Nesse momento, fazia sentido uma legislação rigorosa que impedisse as explosões de bilhões de dólares, repito, BILHÕES DE DÓLARES. Quase dez anos depois, as condições são outras e por isso penso que a governança corporativa é uma excelente alternativa, apenas temos de pensar em flexibilização. Vamos tomar café e na volta vamos debater e, com certeza, encontraremos a melhor trajetória possível".

Você e/ou seu grupo devem se imaginar como gestores da organização e apontar quais os caminhos que a empresa deve tomar se adotar a governança corporativa. Melhor, devem os gestores concordar com o consultor e procurar melhores caminhos ou deve seguir a literatura que propõe uma ação com maior rigor e um inequívoco poder de concentração de decisões?

Nota: este caso é hipotético e qualquer semelhança com nomes de pessoas, localização, nomes de empresas será, rigorosamente, mera coincidência.

QUESTÕES PARA DEBATE

1. O que é governança?

2. Você acha que governança é uma atividade típica da administração pública, como o rótulo sugere?

3. A governança de processos seria o mesmo que escritório de processos?

4. Dê-nos uma boa ideia do que seria um modelo de gestão de processos quando da utilização da governança.

5. Em vários pontos do livro mencionamos o gestor de processos. Neste capítulo, estendemos um pouco mais, e seria interessante que você nos brindasse escrevendo ou falando o que você viu de real interesse para a real compreensão do papel do gestor de processos na organização.

6. O que é um comitê gestor?

7. E o comitê integrador?

8. O que seria uma metodologia para modelagem?

9. Neste capítulo mencionamos a provável existência de um escritório de processos. Anteriormente, em outro ponto do livro desenvolvemos um número

expressivo de páginas para esta unidade. Por enquanto, apenas nos apresente o que você entende por escritório de processos.

10. Uma pergunta simples, cuja resposta, às vezes, não é tão simples: O que é ferramenta na gestão de processos?

REFERÊNCIAS

DAVENPORT, Thomas H. *Reengenharia de processos*. Como inovar na empresa através da tecnologia da informação. Rio de Janeiro: Campus, 1994.

HAMMER, Michael. *The Agenda*: what every business must do to dominate the decade. Nova York: Crown, 2001.

_____. *The audit process*. Boston: HBR Press, v. 35, nº 4, p. 73-84, Apr. 2007.

HARRIGTON, H. James. *Aperfeiçoando processos empresariais*. São Paulo: Makron Books, 1993.

INSTITUTO Brasileiro de Governança Corporativa. Disponível em: <http://www.ibgc.org.br/Home.aspx>. Acesso em: 1º ago. 2010.

JESTON, J.; NELIS, J. *Management by process*: a roadmap to sustainable business process management. Rio de Janeiro: Elsevier, 2008.

KORHONEN, Janne J. *Enterprise BPM:* a systemic perspective. Disponível em: <http://www.bptrends.com/publicationfiles/01-07-ART-Enterprise%20BPM%20-%20Korhonen--Final.pdf>. Acesso em: 1º ago. 2010.

RUMMLER, Geary A.; BRACHE, Alan. *Melhores desempenhos das empresas*: uma abordagem prática para transformar as organizações através da reengenharia. São Paulo: Makron Books, 1994.

5

Tecnologia da Informação

É certo dizer que os recursos da tecnologia da informação consolidam um pilar primordial para proporcionar a gestão de processos na organização. Ao mesmo tempo em que são recursos fundamentais, se mal entendidos e aplicados de forma errada, podem contribuir para o fracasso de uma implantação. Para explicar melhor a afirmação, em outras palavras, podemos dizer que atualmente as diversas ofertas tecnológicas disponíveis no mercado induzem as organizações a acreditarem em soluções milagrosas capazes de transformar uma estrutura hierárquica em uma estrutura voltada a processos a partir da simples adoção tecnológica. São vislumbradas muitas soluções e várias promessas, entretanto a gestão de processos nos mostra que a tecnologia é importante, mas é necessário muito mais que tecnologia para atingir a visão por processos.

Para entendermos um pouco melhor a importância do papel da TI na gestão de processos, explicitaremos a evolução destes recursos ao longo do tempo até nossa atualidade. Tentaremos mostrar para você, leitor, a importância dos conceitos que existem atrás das muitas ferramentas disponíveis no mercado hoje, e que fará você entender que é fundamental este entendimento e alinhamento antes de qualquer investimento.

5.1 RÁPIDO HISTÓRICO

Como já mencionado em capítulos anteriores, vale relembrarmos a importância de ligação entre a reengenharia de processos e a Tecnologia da Informação. Naquela época, década de 1980 mais ou menos, os recursos de TI eram muito diferentes do que temos atualmente. Em outras palavras, as aplicações eram independentes e redundantes, assim como os processos em seus silos. Os equipamentos tinham pouca capacidade comparada aos que temos atualmente, e um custo muito elevado. Na realidade, numa visão mais simples até então, a TI tinha como objetivo principal automatizar as tarefas manuais repetitivas, fazer mais rápido. Mas sabemos que as informações permeiam as organizações e as unidades (departamentos, gerências, seções etc.) e continuariam permeando mesmo automatizadas. Porém, onde é que entra a reengenharia nesta história? O fato é que as atividades eram simplesmente automatizadas, do jeito que estavam, onde estavam e sem análise e muito menos crítica. O resultado foi: processo ruim, processo automatizado também ruim. Tecnologia não faz milagre, e isso também vale para os dias de hoje, implantar tecnologia numa base ruim resultará em uma base moderna ruim.

A reengenharia pregava o repensar dos processos, o que proporcionaria um direcionamento para os novos sistemas de informação. Por isso, muito se fala em alinhamento entre o negócio e a TI, com o repensar dos processos o papel da TI deixou de ser um suporte administrativo e passou a exercer um papel estratégico.

Davenport (1994) enfatiza que o papel da TI pode ter implicações importantes para os processos-chave da organização, porém este conceito também é válido para a elaboração de toda a estrutura necessária para a formação da arquitetura de processos. O autor levanta pelo menos nove itens impactantes, em que a TI é considerada recurso fundamental, conforme o Quadro 5.1.

Quadro 5.1 *TI como recurso fundamental*

Item Impactante	Explicação
Automação	Os processos são automatizados, há a facilidade de desenhá-los a partir de gráficos estabelecidos como padrão em *softwares* específicos para este fim.
Informação	Informações armazenadas em bancos de dados específicos garantem a padronização e o fácil acesso. Todos os envolvidos têm acesso centralizado à documentação dos processos, o que proporciona facilidade para a análise das definições e identificação das oportunidades de melhorias.
Sequência	A partir de gráficos e informações, *softwares* específicos são preparados para apresentarem resultados a partir da simulação de cenários, o que disponibiliza subsídios na orientação do processo de tomada de decisão. A partir de simulações, podem-se prever resultados na execução de uma determinada atividade e identificar problemas antes mesmo que estes ocorram. Por exemplo, é possível analisar o resultado de uma alteração do processo antes de implantá-lo, simulando as diferentes trocas de atividades.

Item Impactante	Explicação
Acompanhamento	Os gestores ou executores que possuem permissão na base de dados podem acompanhar em tempo real as modificações realizadas nos processos.
Análise	O acompanhamento das informações através de seu compartilhamento e a simulação de cenários permite que as tomadas de decisões possam ser efetuadas com maior rapidez. Há a diminuição dos riscos atribuídos às decisões, já que mais dados e dimensões de análise podem ser incorporados.
Geografia	Independentemente do tamanho da equipe e de sua distribuição geográfica, há possibilidade de visualização simultânea das alterações realizadas nos processos modelados.
Integração	Os envolvidos nos processos podem contribuir e documentar alterações diretamente no *software*, as interfaces entre os processos são visualizadas e acompanhadas por todos.
Intelecto	O conhecimento passa a ser disponibilizado para todos da organização de maneira padronizada, ou seja, compartilhada e não mais dependente de cada colaborador.
Desintermediação	Os *softwares* disponibilizados possuem visões pré-formatadas ou com possibilidade de customização, focados em perfis específicos. Por exemplo: caso o gerente executivo queira visualizar as atividades de um determinado processo, ele mesmo poderá examinar as informações através da *intranet*, o que significa a não necessidade de solicitar a seus subordinados a elaboração de relatórios.

Hammer, em 1994, descreveu o papel da TI como capacitador essencial para a reengenharia de processos. Podemos concluir que não somente para a reengenharia, mas atualmente para toda organização que queira a gestão de seus processos. Na época o autor enfatizou que o uso inadequado da tecnologia poderia bloquear qualquer trabalho voltado a processos e ainda reforçou os velhos padrões de trabalho e comportamento executados até então. Dizia ele que o erro era utilizar a tecnologia através dos processos já existentes. As organizações perguntavam: "Como otimizar o que fazemos atualmente?", quando deveriam perguntar "Como podemos aproveitar a tecnologia para fazer aquilo que ainda não estamos fazendo?". Isso, sem sombra de dúvidas, ainda serve para os dias de hoje.

A abrangência da gestão de processos mostra que a TI é fator fundamental de sucesso em sua implantação, porém pode ser considerada como fator principal de fracasso caso não seja tratada adequadamente.

Como a TI, a partir de sua acelerada sofisticação, passou a impactar nos negócios da empresa, gerou a necessidade de manutenção da integridade de seus sistemas, o que é possível através da criação e integração das principais arquiteturas:

processos, aplicações e dados. No mundo ideal, a gestão de processos totalmente implantada permitirá que sejam refletidas, a partir de qualquer manutenção em processos, quais as aplicações e dados impactados; isso significa o fim ou a drástica redução das aplicações por silos, em troca de aplicações e dados refletindo os processos.

Quando mencionamos TI para suporte aos processos, é importante conhecer e entender os principais temas e conceitos. Abaixo listaremos e mostraremos a definição dos principais temas discutidos ontem e hoje. Conforme já mencionado em tópicos anteriores, é importante ter um minucioso critério nas escolhas das tecnologias a serem implantadas, onde se deve primeiramente ter o conhecimento da organização e do que se espera com a implantação de uma ferramenta, para posterior escolha e aquisição.

5.2 *WORKFLOW* – ONDE TUDO COMEÇOU

O fluxo de trabalho em português, ou como termo mais conhecido *workflow*, foi difundido no Brasil principalmente em meados da década de 1990, advindo de um dos temas mais estudados da época: reengenharia de processos e melhoria de processos. Quando falamos de TI, os sistemas de *workflow* nada mais são do que *softwares* especiais criados para automatizar os processos de negócio. Enquanto as aplicações desenvolvidas até então automatizavam atividades, o *workflow* veio como uma ferramenta que permitiria não só a automatização de atividades, mas sim a interação entre processos, sistemas e a colaboração entre as pessoas, inclusive de departamentos distintos. Em outras palavras, uma forma de gerenciar o fluxo de trabalho percorrido na organização.

Segundo o *Workflow Management Coalition* (WfMC), organização sem fins lucrativos criada em 1993 para promover o uso de *workflow*, há duas definições importantes:

- *workflow*: é a automação de um processo de negócio, no todo ou em parte, onde documentos, informações e tarefas são passadas de um participante a outro, de acordo com um conjunto de regras processuais;
- sistemas de *workflow*: é um *software* que define, cria e gerencia a execução de um ou mais *workflows*. Permite a interpretação das definições dos processos e interações entre os participantes e requer recursos de TI.

Weske (2007) explica muito bem os conceitos dos sistemas de *workflow*, principalmente quando o foco está especificamente na TI. Explica o autor que os sistemas de informação começaram a ficar defasados, pela velocidade de mudança dos processos de negócio, pelo aumento da complexidade e, por via de consequência, pelas solicitações de alteração resultantes de todas essas mudanças. Seguindo estes motivadores, os sistemas de *workflow* vieram para facilitar a modificação lógica dos processos suportados pelas aplicações. Entendendo melhor as palavras de Weske, não são desenvolvidas somente as funcionalidades do sistema, mas é desenvolvida também toda a ordem lógica dessas funcionalidades, ou seja, quais informações devem ser capturadas, quais informações devem ser recebidas, quem deve receber, para onde elas devem ser encaminhadas etc. Para mentalizar este contexto, podemos imaginar um sistema dividido em duas partes: (a) uma parte contendo a lógica do negócio, ou o modelo de negócio, que neste caso não precisa de programação (aquela codificação de *software* que precisa de um profissional especializado em, por exemplo, Java etc.); e (b) a outra parte, que contém a lógica da aplicação, ou execução do negócio. Como a lógica do negócio é especificada pelo modelo de *workflow*, qualquer modificação em seu comportamento não requer alterações de código, pois o modelo de negócio pode ser adaptado de imediato para satisfazer as novas solicitações e representar os processos de negócio.

A Figura 5.1 representa a estrutura de um sistema de *workflow*, onde são representados: a interface gráfica, o componente de *workflow*, a aplicação e a base de dados. A interface gráfica representa a interação com o usuário, o componente de *workflow* armazena a ordem lógica das funções, na aplicação é definida a lógica de execução, e a base de dados armazena e mantém a integridade desses dados.

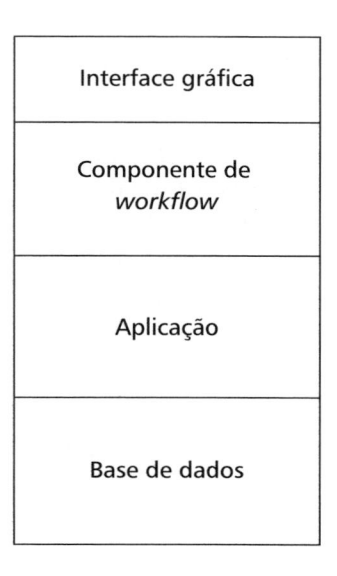

Fonte: Adaptada de Weske (2007).

Figura 5.1 *Estrutura do sistema de* workflow.

Um sistema de *workflow* mais robusto pode representar a integração entre diversas aplicações (ver Figura 5.2).

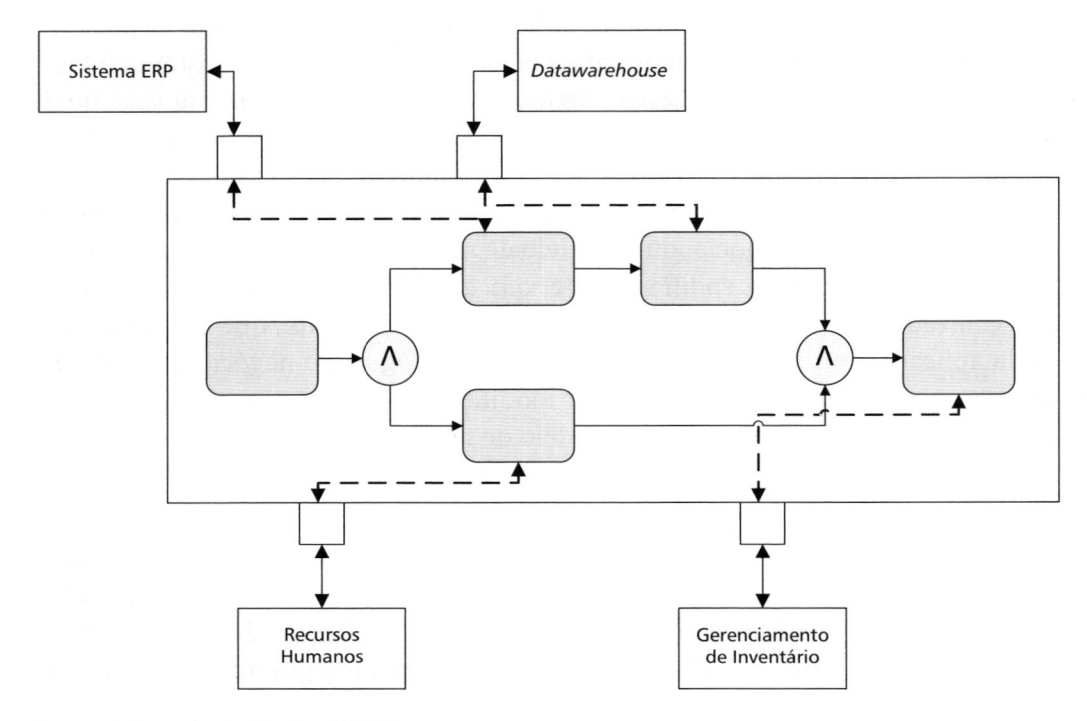

Fonte: Adaptado de Weske (2007).

Figura 5.2   *Estrutura do sistema de* workflow *com integrações*.

O autor contribui com o tema ao mencionar a presença de componentes de *workflow* nos sistemas de gestão empresarial. As definições dos sistemas de gestão empresarial serão mais bem detalhadas logo em seguida, mas, para adiantar, aproveitando o relacionamento com o tópico citado, os componentes de *workflow* presentes nestes sistemas permitem flexibilizar a customização dos processos de negócio, mas estão atrelados na aplicação.

5.3 SISTEMAS INTEGRADOS DE GESTÃO – ONDE ESTAMOS NA PRÁTICA

Os Sistemas Integrados de Gestão ou mais conhecidos como ERPs (*Enterprise Resource Planning*) surgiram de fato a partir da evolução da tecnologia e dos problemas advindos dos sistemas de informação que até então eram desenvolvidos sob os aspectos verticalizados do negócio. A substituição do *mainframe* pela plataforma cliente-servidor e a redução dos custos de *hardware* contribuíram tecnologicamente; entretanto, ao mesmo tempo, tornaram-se a base para a nova dinâmica do mercado, que começavam a exigir: base de dados integrada e atualizada continuamente, otimização do fluxo de informações, redução de atividades manuais, redução de atividades redundantes, padronização da forma de trabalho, redução dos vários sistemas de informação para apenas um e, logicamente, redução de custos e redução de tempo de resposta para o cliente.

Em suma, os Sistemas Integrados de Gestão ou ERPs são sistemas que possuem uma base de dados integrada e atende vários processos de negócios (*vide* Figura 5.3), processos estes que se estendem por toda a organização. Na prática, um Sistema Integrado de Gestão integra vários sistemas como: Sistema de Recursos Humanos, Logística, Finanças, Contabilidade, Vendas etc. A vantagem nesta integração é reforçada quando os vários sistemas elaborados até então, para funções específicas, são substituídos por um único sistema, permitindo integração, integridade dos dados, velocidade e facilidade de acesso.

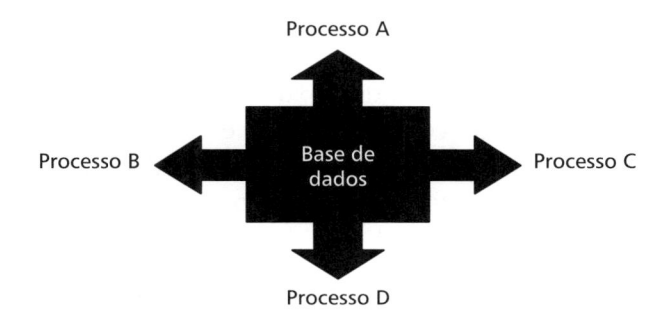

Figura 5.3 *A base de dados dos sistemas integrados de gestão ou ERPs.*

Esta necessidade de integração mostrou-se um importante contexto para gestão de processos. Em outras palavras, na maioria das vezes, um processo de implantação de um sistema como este requer no mínimo o conhecimento dos processos a serem automatizados até o levantamento detalhado e a revisão destes processos. Paim et al. (2009) contribuem para esta afirmação quando enfatizam que, independentemente da estratégia de implantação adotada pela empresa – processos adequados ao sistema, ou sistema adequado aos processos –, os processos são considerados "atores" principais; só atuarão neste caso, de formas diferenciadas, isto é, enquanto na adequação do processo ao sistema são utilizados modelos de referências já prontos pelos fabricantes, proporcionando agilidade na implantação, na adequação do sistema ao processo, os processos são levantados e revisados, contribuindo para o ganho de diferencial competitivo.

Atualmente, fornecedores como SAP, Oracle e J. D. Edwards estão presentes com seus ERPs na maioria das grandes e médias empresas do mundo. Isso justifica a posição em que as organizações estão hoje na prática, considerando a visão por processos. Queremos chamar atenção para este ponto, pois, como já identificado no passado, as tecnologias evoluem e as expectativas mudam, e não poderia deixar de ser diferente com os sistemas integrados de gestão.

Harmon (2010) em um dos seus artigos faz uma análise interessante entre os objetivos iniciais da implantação de um sistema integrado com os resultados que temos hoje na prática. Em outras palavras, muitas organizações que implantaram um sistema integrado se viram na necessidade de adaptá-lo para atender suas especificidades; isto acarretou a diminuição do seu valor, tornando-o difícil e muito caro de se manter. Para termos uma ideia, quanto maior a organização, mais difícil torna-se esta adaptação. Em uma de nossas experiências, constatamos a existência de um modelo de gestão responsável pela priorização dos ajustes a serem feitos, as necessidades passavam por várias comissões, transformando inevitavelmente este fluxo em algo muito demorado, um dos motivos pelo qual era necessária a estruturação de pacote de melhorias, no caso dois por ano. Nesses pacotes, fatalmente constatamos necessidades pedidas no ano de 2009 e desenvolvidas e entregues somente no ano de 2010. Sem contar os custos de tudo isso. Falando tecnicamente, muitas vezes o sistema é composto em módulos, onde qualquer alteração específica pode impactar módulos distintos, o que torna inevitável a realização de testes integrados, que por sua vez levam muito tempo e custam muito caro.

O que queremos que entenda, leitor, é que, apesar de os sistemas contribuírem para disseminação da gestão de processos, muitos deles são limitados por não conseguirem acompanhar as mudanças do negócio. Neste caso é uma tecnologia que não trabalha alinhada aos processos, ou seja, está sempre um passo atrás, correndo atrás do prejuízo; e isso, já sabemos, está muito longe de ser uma característica da gestão de processos.

5.4 BPMS – ONDE ESTAMOS NA TEORIA

Do inglês *Business Process Management System* ou *Suite*, os sistemas de gestão de processos de negócio, criados para dar suporte tecnológico à gestão de processos, estão atualmente ganhando força no mercado. Para melhor entendimento, podemos dizer que o BPMS é uma evolução do *workflow*, ou melhor, o *workflow* agora é uma pequena parte de um contexto maior, o BPMS. Na literatura podemos encontrar definições para BPMS onde o "S" ora pode ser considerado *System,* ora *Suite;* mas concordamos com Baldam et al. (2007) quando ressaltam que dificilmente uma única ferramenta atenderia todas as etapas da gestão de processos. Entenderemos os motivos logo adiante.

Como a sigla trata de um dos assuntos mais comentados do momento, é natural a confusão com o termo BPM. Para um melhor entendimento, podemos fazer a seguinte analogia, explícita no Quadro 5.2: quando falamos de BPMS, estamos falando de tecnologia, isto quer dizer que é um *software* com vários módulos ou vários *softwares* que atende(m) as fases da gestão de processos em uma organização, enquanto quando falamos em BPM consideramos todo contexto e orientações necessários para possibilitar a gestão de processos na organização, isto quer dizer que não envolve somente tecnologia (AMARAL, 2006).

Quadro 5.2   *Distinção entre BPMS e BPM*

Título	Proposta
BPMS	*Software* ou vários *softwares* que atende(m) as fases da gestão de processos.
BPM	Contexto e orientações necessários para possibilitar a gestão de processos, não envolve somente tecnologia.

A corrida para se adequar a um dos temas mais falados da atualidade – a gestão de processos – está fazendo as organizações se movimentarem para este fim. Grandes fornecedores mundiais já reconhecem algumas deficiências de seus sistemas integrados de gestão, e percebe-se que muitos já estão trabalhando para desenvolver suas próprias ferramentas de BPMS. Antes de pensarmos em tecnologia, é importantíssimo sabermos primeiramente quais são os principais conceitos da gestão de processos e onde se enquadram a gestão e a tecnologia. Smith (2007) em seu artigo levanta um alerta sobre empresas fornecedoras que trocam o nome de seus produtos só para garantirem aderência ao BPMS, entretanto os motivadores são meramente comerciais.

Podemos dizer que a tecnologia BPMS veio para unificar dois contextos: a "gestão" dos processos e a execução dos processos. Quando usamos a palavra "gestão" neste momento, não estamos falando do tema central do nosso livro, mas sim das atividades, podemos dizer, "administrativas" dos processos de negócio. Como atividades administrativas podemos citar como exemplos: a modelagem de processos, a simulação dos processos e o monitoramento. Atualmente são muitas as ferramentas de modelagem de processos, utilizadas para representar graficamente os desenhos dos processos; outro exemplo são os sistemas para acompanhamento de indicadores de desempenho, como os sistemas para o monitoramento de atividades (*Business Activity Monitoring* – BAM); ainda temos as ferramentas de simulação de processos.

Para execução, o BPMS representa os processos como são na prática, ou, em outras palavras, representa o funcionamento do *workflow* e os diversos colaboradores envolvidos, a integração entre os sistemas de informação existentes, a facilidade de manuseio das regras de negócio, a agilidade nas modificações oriundas dos processos, a velocidade na disponibilização das informações etc.

Nas palavras de Paim et al. (2009, p. 287), "os BPMS interligam pessoas e processos, gerenciam a transformação e o acesso à informação, tratam exceções e orquestram o fluxo de processos", por ser considerado "uma peça de *software* genérico que suporta atividades como modelagem, análise, e aprimoramento dos processos de negócio".

Conforme análises dos livros e artigos especialistas em gestão de processos, qualquer ferramenta BPMS deve ser capaz de:

- modelar e desenhar (graficamente) os processos de negócio;
- ser aderente aos padrões BPMN, BPEL;
- permitir simulação dos processos;
- suportar a execução dos processos de negócio;
  - suportar regras de negócios específicas;
  - englobar a tecnologia de *workflow*;
- suportar o controle e o monitoramento;
- permitir integração aos sistemas já existentes ou orquestração através de *web services*.

O que temos nas organizações por enquanto são experimentos, provas de conceitos, projetos piloto ou ferramentas BPMS implantadas em apenas alguns processos. Isso mostra que a tecnologia ainda está se desenvolvendo, e atualmente concordamos com Baldam et al. (2007) quando os autores alertam sobre a cautela que devemos ter com as ferramentas disponíveis no mercado. Aparentemente as existentes atendem todas as tarefas da gestão de processos, mas não executam todas essas tarefas em sua plenitude. Isso mostra que ferramentas isoladas, como por exemplo as ferramentas de modelagem de processos, executam esta atividade muito melhor do que os módulos embutidos para este fim nas ferramentas de BPMS.

Os pontos apresentados acima só nos mostram que é impossível simplesmente ignorar toda a estrutura tecnológica e todos os sistemas de informações existentes na organização. Uma única ferramenta de BPMS está longe de atingir esse objetivo, mas toda esta contextualização só nos mostra que a palavra *integração* ganha cada vez mais força, e que provavelmente não faremos gestão de processos sem ela.

5.5 SOA – AONDE QUEREMOS CHEGAR

A palavra-chave para SOA (*Service-Oriented Architecture*) ou Arquitetura Orientada a Serviços é *integração*. Pegando uma carona no tópico anterior, sabemos que a evolução da tecnologia e as cobranças por resultados rápidos nos deixaram uma complexa herança. O que queremos dizer com isso é que: muitas vezes não sabemos, mas por trás daquele sistema de informação que aparentemente está funcionando pode existir um mundo complexo de plataformas e tecnologias distintas. Só para termos ideia do que isso significa – sim, e isso é um caso real –, podemos ter um único sistema que tem parte do código desenvolvido em JAVA e parte do código desenvolvido em DELPHI, parte do sistema tem funcionalidade disponível através de Portal e parte cliente-servidor se integra através de *web service* com outras aplicações desenvolvidas internamente, faz ligação com bases de dados mantidas por outros sistemas e ainda possui integração com ferramenta de mercado para gerenciamento de projetos. Este é um exemplo do que temos por aí, resultado de décadas de evolução da tecnologia da informação e de necessidades exigidas "para ontem". Com isto, é praticamente impossível jogarmos tudo fora por uma promessa de tecnologia; é aí que entra o papel dos serviços.

A SOA é uma arquitetura que na maioria das vezes se apoia na tecnologia de *web services*, entretanto precisamos ter um cuidado com esta afirmação, pois não necessariamente quem trabalha com *web services* tem uma arquitetura voltada a serviços. Nas palavras do Gartner Group, "SOA é uma abordagem arquitetural corporativa que permite a criação de serviços de negócio interoperáveis que podem facilmente ser reutilizados e compartilhados entre aplicações e empresas".

Apesar de enfatizarmos a importância de SOA para a gestão de processos, é importante antes termos uma ideia dos conceitos que cercam esta abordagem. Conceitos estes apresentados de forma objetiva no Quadro 5.3 e detalhados a seguir.

- arquitetura: aproveitamos o tópico para relembrar os conceitos de arquitetura já apresentados em capítulos anteriores. Aproveitamos as definições descritas por Vernadat (1996), que descreve a arquitetura como um conjunto de elementos relacionados logicamente e que juntos formam um conjunto para atender um determinado objetivo. Com essa contextualização, podemos observar que o termo é bastante utilizado nos dias de hoje, principalmente no mundo da tecnologia da informação. Podemos encontrar o termo *arquitetura* para: arquitetura de processos, arquitetura de tecnologia da informação, arquitetura de informações, arquitetura de aplicações, entre outros. Como um exemplo de arquitetura voltada para TI, nos referimos ao que Botto (2004) define sobre arquitetura de sistemas: arquitetura de sistemas também pode ser entendida como uma arquitetura de aplicações, que corresponde a um mapa corporativo das aplicações e de suas interfaces, e onde se tem seus dados todos relacionados.

Quadro 5.3 *Conceitos que cercam a SOA*

Título	Proposta
Arquitetura	"Conjunto de elementos relacionados logicamente e que juntos formam um conjunto para atender um determinado objetivo" (VERNADAT, 1996).
Serviço	Representa uma funcionalidade de um sistema de informação que é disponibilizada com o objetivo de promover o reúso.
Web Services	Conjunto de mecanismos-padrão de comunicação criados sobre a *World Wide Web*, aos quais disponibilizam funcionalidades do negócio através de serviços.

- serviço: um serviço representa uma funcionalidade de um sistema de informação que é disponibilizada com o objetivo de promover o reúso. Pode ser definida como uma forma de disponibilizar a aplicação com a visão do negócio (ver o livro de SOA).

Para melhorarmos o entendimento do significado de serviço, podemos pensar em algo que é disponibilizado para atender a necessidade de alguém. Encontramos um exemplo simples, disponibilizado pela OASIS, de fácil entendimento e que nos dá uma ideia do significado de serviço e dos itens de gestão em que não devemos deixar de pensar quando falamos em arquitetura orientada a serviços:

> Uma empresa de eletricidade tem a capacidade de gerar e distribuir eletricidade (capacidade subjacente). A fiação da rede de distribuição da companhia elétrica (o serviço) oferece o meio para fornecer eletricidade para suportar o uso por um consumidor residencial típico (funcionalidade do serviço), e um consumidor acessa a eletricidade gerada (a saída da invocação de serviço) via uma tomada de parede (interface de serviço). De forma a utilizar a eletricidade, um consumidor precisa entender que tipo de *plug* usar, qual a voltagem fornecida, e quais os possíveis limites de carga; a empresa presume que o consumidor irá conectar somente aparelhos adequados à vol-

tagem ofertada e a carga suportada; e o consumidor por sua vez assume que os aparelhos adequados podem ser conectados sem danos ou riscos (suposições técnicas do serviço). Um usuário residencial ou comercial precisa abrir uma conta na empresa para usar o fornecimento (restrição de serviço) e a empresa irá medir o consumo e espera que o consumidor pague pela energia conforme taxa prevista (política de serviço). Quando o consumidor e a empresa concordam nas restrições e políticas (contrato de serviço), o consumidor pode ter o fornecimento de eletricidade usando o serviço desde que a rede de distribuição de eletricidade e a conexão residencial permaneçam intactas (por ex., uma tempestade que derrube a rede e interrompa o fornecimento) e o consumidor pode pagar (por exemplo, transferência eletrônica de fundos) a empresa (acessibilidade) (OASIS, 2006).

- *web services*: para melhor entendermos a ideia de *web service*, fizemos a junção dos conceitos propostos por Koch (2006) e Rosen (2006). O termo pode ser definido como um conjunto de mecanismos-padrão de comunicação criados sobre a *World Wide Web*, aos quais disponibilizam funcionalidades do negócio através de serviços. Em outras palavras, os termos *serviços* e *web service* estão sempre juntos. Numa visão simplista, o serviço é a funcionalidade de negócio e o *web service* é a disponibilização padronizada deste serviço. Na prática, uma parte do código do sistema é separada em uma parte menor de forma que outros sistemas ou até outra organização possam reutilizá-lo, evitando que o código seja refeito.

Alinhando os conceitos de processos com SOA, aproveitamos o artigo de Rosen (2006), em que o autor descreve que cada processo de negócio é modelado como um conjunto de atividades individuais. Cada atividade é implementada como um serviço, os sistemas que implementam a gestão de processos permitem que os analistas modelem os processos, por exemplo, através da técnica de BPMN, e então executem este modelo invocando os serviços. Entretanto, como já mencionado anteriormente, sabemos que toda organização possui um legado existente, o que consideramos plataformas diferenciadas, sistemas existentes e base de dados distintas. A arquitetura orientada a serviço fará a ligação entre os recursos operacionais e os processos de negócio, mas isso não acontece mapeando diretamente as aplicações aos serviços, mas sim provendo um tipo de serviço baseado na semântica da organização e nas necessidades funcionais (camada de integração). A plataforma SOA unirá a camada dos processos de negócio à camada dos recursos operacionais (veja Figura 5.4).

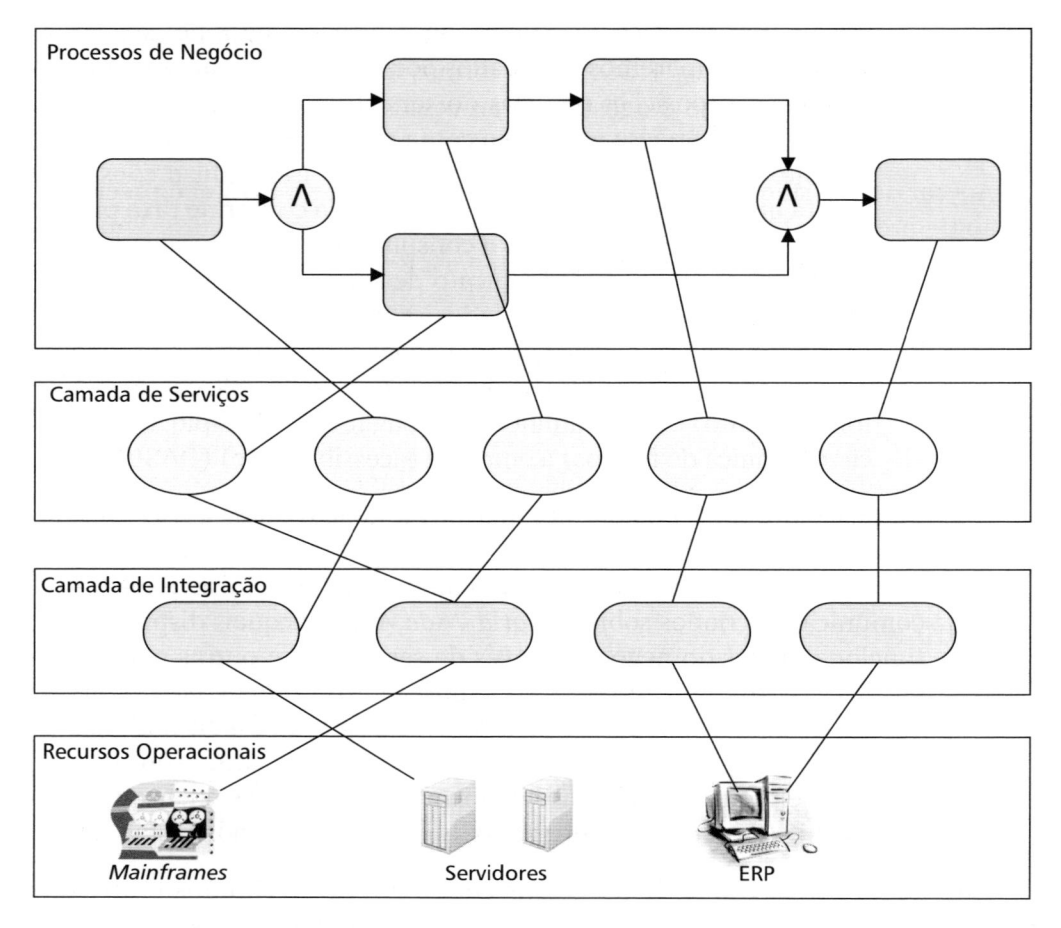

Fonte: Adaptada de Rosen (2006).

Figura 5.4   *Arquitetura SOA.*

Os vários serviços interoperáveis representando as funcionalidades do negócio nos remetem à importância de pensarmos a gestão de processos de forma similar, ou seja, como vários "módulos", interligados. Para exemplificar, podemos pensar nestes "módulos", como já mencionado anteriormente, em: estratégia, governança, escritório de processos, arquitetura de processos e projetos; onde cada um possui seu grau de importância. Em outras palavras, se já no início dos trabalhos, por exemplo, na arquitetura de processos, falando especificamente na modelagem dos processos, já tivermos em mente aonde queremos chegar, com certeza este conhecimento contribuirá, por exemplo, na escolha da técnica de modelagem e da ferramenta adequada.

Podemos fazer uma analogia com as peças de um lego. Se cada peça for trabalhada corretamente e colocada no lugar certo, ao final podemos ter uma casa de brinquedo, bem arquitetada e forte. A comparação serve aos objetivos da combinação da gestão de processos + SOA. Para termos uma organização ágil, flexível e integrada, cada pedacinho da gestão de processos deve ser bem trabalhado, o que permitirá com mais tranquilidade a adoção de uma tecnologia robusta.

Apesar de a gestão de processos não precisar da SOA e a SOA não precisar da gestão de processos, concordamos com Rosen (2006) quando o autor enfatiza a importância do alinhamento entre os dois temas. Relata o autor que um complementa o outro: a gestão de processos sem SOA é útil para desenvolver aplicações, entretanto difícil para a expansão da organização. SOA sem a gestão de processos é útil para criar serviços consistentes e úteis, mas falha em tornar uma organização ágil e competitiva. Em outras palavras, a arquitetura tecnológica também deve fazer parte da gestão de processos, e a gestão de processos só estará completa a partir do momento em que estiver implementada e funcionando; isso compreende também o conhecimento e o entendimento da área de tecnologia da informação.

FINALIZANDO

Há muito tempo se fala em alinhar a tecnologia da informação ao negócio, e muitas tecnologias, métodos e ferramentas já foram criados com este objetivo. O fato é que o alinhamento da tecnologia com o negócio não é uma tarefa fácil. Requer a decomposição funcional do negócio em vários níveis de tarefas e requer o conhecimento de sistemas que abrangem negócios específicos. Em outras palavras, a base de uma boa arquitetura orientada a serviços está focada nos processos de negócio, mas não basta saber os processos da organização, não é o suficiente, pois os processos devem ser vividos cotidianamente, bem como mapeados, executados e monitorados. Isto quer dizer que o mapeamento deve estar consistente com os processos que estão em produção (executados), e os processos que estão em execução devem ser monitorados e conhecidos. A tecnologia faz sua parte quando este contexto acontece corretamente e é conhecido.

ESTUDO DE CASO

Numa importante empresa de serviços de São Paulo o vice-presidente para assuntos organizacionais chama Rodrigo Lima Barreto para uma conversa de cunho formal. Rodrigo chega, senta e se coloca à disposição do vice-presidente, que diz: "Rodrigo, estive olhando sua trajetória não só aqui na empresa, mas desde o início, inclusive, em termos acadêmicos. Boas escolas, uma vida universitária repleta de bons momentos, com boas notas e bons estágios. Sua experiência profissional é pequena ainda, mas você teve uma passagem boa numa empresa no Rio de Janeiro e eu soube – e não há nenhum segredo nisso –, que sua vinda para São Paulo tem razões de natureza afetiva, você está noivo de uma carioca que mora aqui. Feita essa pequena introdução, gostaria de ir direto ao nosso assunto principal e único que é a nossa área de Tecnologia da Informação. Por muito tempo tínhamos uma área que cuidava dos computadores, das dificuldades das pessoas no manuseio, na própria relação entre pessoas e seu trabalho na máquina e na boa escolha e aplicação de *softwares*. Mais recentemente, tive contatos com amigos também vinculados à direção de empresas e percebi que estamos muito atrás. Fale o que você gostaria de dizer agora, sabendo que quero você numa nova área para nós chamada Tecnologia da Informação, TI para todos".

Rodrigo mal esperou o vice terminar e passou a falar: "A questão principal era descobrir o porquê de a automatização não estar gerando os resultados esperados. E a resposta era simples, pois a mentalidade compartimentalizada gerava uma visão defeituosa da organização, causando problemas com muitas unidades envolvidas com o mesmo processo, existência de atividades que não agregam valor, sistemas de informação inadequados, atividades ou tarefas redundantes etc. Entendo que são nove os itens que geram impactos, em que a TI poderá ser um recurso fundamental. São elas: automação, informação, sequência, acompanhamento, análise, geografia, integração, intelecto e desintermediação. A partir do correto entendimento desses itens, partiríamos para a compreensão do nosso *workflow* e, mais à frente, projetarmos os nossos ERPs e outros sistemas como, por exemplo, a ferramenta BPMS que deve ser capaz...".

É interrompido pelo vice-presidente que falou ainda sobre o impacto da nova terminologia: "Rodrigo, me explique todo esse "inglês" e me fale numa linguagem que eu, não especialista, possa entender e daí todos nós seguirmos em frente".

Seu trabalho ou de você e seu grupo é o de "traduzir" o que Rodrigo estava falando. Explicar cada item, basicamente, e dar continuidade detalhando esses itens de forma que aquele não vinculado à TI possa entender e seguir em frente.

Nota: este caso é hipotético e qualquer semelhança com nomes de pessoas, localização, nomes de empresas será, rigorosamente, mera coincidência.

QUESTÕES PARA DEBATE

1. Qual a importância da reengenharia nos estudos direcionados à gestão de processos?

2. Seria correto afirmar que uma das razões pelas quais surgiu a Tecnologia da Informação como área de trabalho foi o fato de que a automatização de então não gerava mais os resultados esperados? Certo ou errado e por quê?

3. Aponte ao menos quatro itens dos nove sugeridos por Davenport exigidos para uma boa arquitetura de processos e detalhe cada item.

4. O que é *workflow*?

5. O que seriam sistemas de *workflow*?

6. O que são sistemas integrados de gestão?

7. O que é BPMS?

8. Dê um exemplo de sistema para acompanhamento de indicadores de desempenho.

9. Qualquer ferramenta de BPMS deve ser capaz de...

10. A palavra-chave para SOA ou arquitetura orientada a serviços é...

REFERÊNCIAS

AMARAL, Vinicius. *BPM – afinal, o que é (e o que não é) isso?* 3 jan. 2006. In: Sirius Prime. Disponível em: <http://www.baguete.com.br/artigos/323/vinicius-amaral/03/01/2006/bpm-afinal-o-que-e-e-o-que-nao-e-isso>. Acesso em: 11 ago. 2010.

BOTTO, Renato. *Arquitetura corporativa*. Rio de Janeiro: Bransport, 2004.

DAVENPORT, Thomas H. *Reengenharia de processos*: como inovar na empresa através da tecnologia da informação. Rio de Janeiro: Campus, 1994.

HARMON, Paul. *Porter, ERP, and BPMS*. BPtrends. Disponível em: <www.bptrends.com>. Acesso em: 22 jul. 2010.

KOCH, Christopher. *ABC da SOA*. Disponível em: <http://cio.uol.com.br/tecnologia/2006/07/17/idgnoticia.2006-07-17.3732358054/>. Acesso em: 1º ago. 2010.

OASIS. *Modelo de Referência para Arquitetura Orientada a Serviço*. 1.0. 19 jul. 2006. Disponível em: <http://www.pcs.usp.br/~pcs5002/oasis/soa-rm-csbr.pdf>. Acesso em: 10 ago. 2010.

PAIM, Rafael; CARDOSO, Vinícius; CAULLIRAUX, Heitor; CLEMENTE, Rafael. *Gestão de processos*. Rio de Janeiro: Bookman, 2009.

ROSEN, Mike. *Where does end and the other begin?* Jan. 2006. In: A BPT Column. Disponível em: <http://www.bptrends.com/publicationfiles/01-06%20COL%20SOA%20-Where%20Does%20One%20End%20-%20Rosen.pdf>. Acesso em: 27 jul. 2010.

SOA and BPM. 28 fev. 2006. In: Business Process Trends. v. 4. nº 4. Disponível em: <http://www.bptrends.com/publicationfiles/bptadvisor2006Feb28.pdf>. Acesso em: 27 jul. 2010.

VERNADAT, F. B. *Enterprise modeling and integration*: principles and applications. London: Chapman & Hall, 1996.

WESKE, Mathias. *Business process management*: concepts, languages, architectures. New York: Springer Verlag Berlin, 2007.

6

O Papel das Pessoas na Gestão de Processos

Qualquer pessoa, mesmo as mais leigas no assunto, diria que se as organizações são formadas por pessoas o papel delas em qualquer circunstância é decisivo. Contudo, "decisivo" é uma classificação um tanto quanto abrangente que não ajuda muito a tomar decisões, principalmente com relação aos processos que ali ocorrem.

Sendo assim, ao buscar a melhor forma de apresentar o papel das pessoas na gestão de processos, não se pode esquecer que diante da realidade dos sistemas abertos, apresentados no primeiro capítulo, existem, segundo Burns e Stalker (1961), duas formas de as organizações se relacionarem com o ambiente externo, como consta na Figura 6.1. São elas: mecânica e orgânica.

$$\text{ORGANIZAÇÕES} \begin{cases} \text{SISTEMAS FECHADOS} \\ \text{SISTEMAS ABERTOS} \begin{cases} \text{MECÂNICA} \\ \text{ORGÂNICA} \end{cases} \end{cases}$$

Figura 6.1 *Tipos de organizações.*

Na mecânica, consideramos o ambiente externo estável, de modo que qualquer mudança ocorre de forma gradativa e pode ser acompanhada pela organização sem maiores transtornos. Digamos que a organização mecanicista funciona, como sugere seu rótulo, de forma mecânica, rotineira, o que muito se assemelha à realidade dos sistemas fechados, mas com uma diferença crucial. Sua postura é fruto do próprio ambiente, que se mostra calmo, com poucas turbulências, podendo ser facilmente trabalhado.

Por outro lado, as organizações orgânicas precisam atuar numa realidade de instabilidade, muito presente no Brasil, em especial. Em outras palavras, precisa acompanhar as transformações constantes do ambiente a fim de garantir sua sobrevivência. Para tanto, necessitam de uma estrutura mais flexível. Aliás, é por atuar neste tipo de realidade que o profissional brasileiro é disputado por organizações dispersas no mundo.

A lógica é simples, pois se a pessoa tem competência para trabalhar num ambiente de turbulência certamente não terá dificuldade em atuar num ambiente estável, porém o inverso não acontece. E é por esse motivo que escolhemos o cenário brasileiro como foco de nossas análises, não somente no Capítulo 1, mas para entender melhor a postura das pessoas perante este modelo de gestão.

6.1 COMPETÊNCIAS PESSOAIS

Por mais que inúmeras vezes afirmemos que o ser humano é imprevisível, e realmente o é, para tentar compreender a lógica seguida pelo mesmo ao adotar uma determinada postura é necessário conhecer suas competências. Aliás, para administrador este é um assunto muito conhecido e que, não por acaso, é trabalhado logo nas primeiras aulas da faculdade.

Assim, é definida como competência do administrador a trilogia formada por seu conhecimento, habilidades e atitudes, representadas pela sigla CHA, em que o conhecimento contempla os conceitos aprendidos por meio de teoria e prática. Fundamentos estes que servem de base para a aplicação das ideias. Enquanto as habilidades são as formas que se têm de colocar em prática tais ideias, e as atitudes são as ações propriamente ditas, como apresentadas na Figura 6.2. Voltaremos ao CHA, páginas à frente.

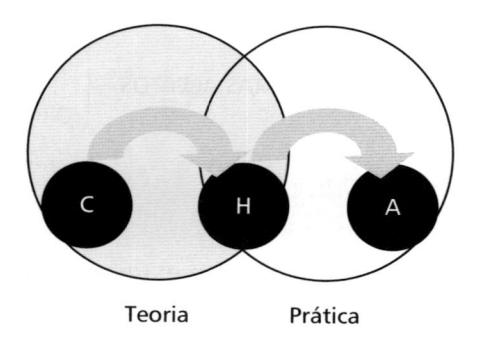

Figura 6.2 *Competências pessoais.*

Portanto, ao dizer que a pessoa é competente para um determinado aspecto, estamos afirmando que ela é capaz de assimilar o que está acontecendo e tomar a atitude necessária diante daquele cenário. Sendo assim, ao trabalhar a gestão de processos, temos uma visão do todo e sabemos exatamente onde está o "problema", por assim dizer. Em outras palavras, ao adotar este modelo de gestão e encarar a organização de forma horizontal, as competências e incompetências se tornam evidentes, de modo que investimentos podem e devem ser feitos.

De fato, o importante é entender que ninguém é competente para tudo, mas as pessoas são sim capazes de buscar conhecimento, maneiras de colocá-lo em prática e ações que tragam resultados, de preferência positivos, caso haja estímulo para tal. Aliás, entenda que a expressão "de preferência" foi utilizada, pois variáveis externas podem interferir no processo e fazer com que não se alcance o resultado esperado, o que não demonstra, de forma alguma, incompetência do profissional.

Neste momento vale retomar a proposta de Burns e Stalker, pois, num ambiente estável é simples identificar se a falha foi humana e quem falhou. Todavia, num ambiente de turbulência, por mais cauteloso que seja o profissional, intempéries do ambiente podem colocar todo o seu esforço a perder. Então, antes de julgar as pessoas, verifique como é formado este ambiente, e, por que não dizer, esta cultura organizacional. Lembrando que o cenário trabalhado será o Brasil.

6.2 LIDERANÇA

É certo que o tema deste tópico não causou grandes surpresas, pois falar da importância das pessoas nos processos sem trabalhar o papel do líder seria incoerência. De qualquer forma, antes de tirar qualquer conclusão, um alerta se faz necessário, pois indo contra a proposta do próprio tema muitas organizações têm utilizado a terminologia liderança em situações que não cabem, visto que o líder deve ser escolhido e não imposto.

A explicação para tal postura muitas vezes é a influência do termo no ambiente organizacional. Mas o fato é que para ser líder a pessoa precisa ser escolhida pelo grupo. Não há relação alguma com a hierarquia. O que acontece é uma afinidade, admiração, confiança. Tanto que por ser uma relação informal esta pode acabar a qualquer momento, basta uma atitude por parte do líder que desagrade a seus liderados.

Assim, podemos dizer que a postura adotada pelo líder irá variar de acordo com a situação e quem são seus liderados (Figura 6.3). Pode, desta forma, adotar uma postura autocrata, onde tomará suas decisões sozinho; democrata, onde pedirá a opinião de seus seguidores, mas ainda centralizando o poder em suas mãos; ou liberal (*laissez faire*), decidindo juntamente com seus seguidores o que deve ser feito. Ainda assim, é natural que uma delas predomine sobre as demais, mas nada impede que em determinada situação ou perante um determinado grupo este personagem se comporte de forma diferente.

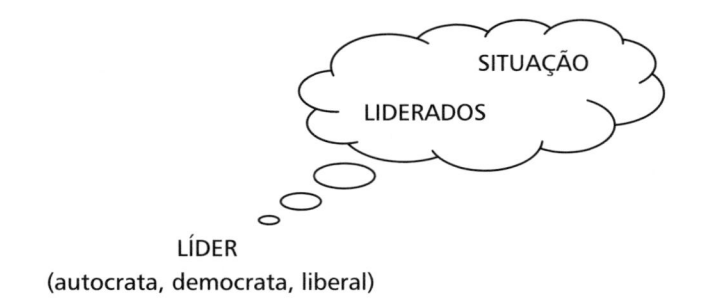

(SITUAÇÃO / LIDERADOS)

LÍDER
(autocrata, democrata, liberal)

Figura 6.3 *Motivos que levam à postura dos líderes.*

Portanto, diante de tanta influência que tal personagem causa, as organizações vêm tentando utilizar tal poder em benefício próprio. O problema é que, como já mencionado, a liderança não é imposta e, ao tentar agir dessa forma, na verdade estamos decidindo o responsável pelo projeto. Não necessariamente um líder; logo, não necessariamente com poder de persuasão, o que gera, por vezes, insatisfação dos demais e muita confusão acerca do tema. O que não é diferente na gestão de processos.

6.3 CULTURA ORGANIZACIONAL

É certo que um dos elementos que compõem a cultura de uma organização já foi trabalhado: as pessoas. Aliás, não por acaso, estas vêm recebendo destaque a todo o momento. No entanto, por mais importante que sejam as pessoas, não se pode esquecer todos os instrumentos que contemplam o que se convencionou chamar cultura.

Para facilitar, neste momento citamos um exemplo concreto: há sociedades em que não existe o direito trabalhista, de modo que você pode chegar para o trabalho às 9 da manhã, ser demitido e nem mesmo receber aquele dia de trabalho, além de receber apenas e tão somente os dias trabalhados naquele mês. Claro que este é um exemplo extremo, mas que existe. Isso demonstra uma posição bastante racional, mas que ajudaria e muito a tomar decisões em momentos de crise.

Por outro lado, sabemos, também, que há sociedades em que a demissão não acarreta problemas que acarretam numa sociedade como a nossa, ou seja, aqui a demissão é carregada de emoções porque muitas vezes a pessoa demitida terá dificuldades para conseguir uma nova posição funcional em outra empresa. Já em sociedades consideradas mais avançadas, a pessoa demitida logo encontrará uma nova empresa, o que diminui ou ao menos explica a pouca emoção em tal processo.

Assim, ao escolhermos a realidade brasileira como pano de fundo de nossas argumentações, estamos tratando de um ambiente um tanto quanto complexo. Entenda complexo, pois as decisões não são puramente racionais, pelo contrário, são carregadas de emoções. Logo, definir o que deverá ser feito não segue uma lógica simples, mas se considerar os elementos que compõem este cenário é certo que torna mais compreensível a postura adotada. Para tanto, quem nos auxilia é o consultor em RH Cabral (2010), que apresenta uma posição bastante esclarecedora sobre os elementos formadores da cultura.

> Existem elementos formadores da cultura de toda organização que dão diretrizes para as mesmas, bem como moldam o comportamento de seus membros, como, por exemplo: o tempo de convivência de seus membros que vem a reforçar hábitos e costumes. Entretanto devemos questionar isto, pois as pessoas não são eternas, ao passo que a cultura pode perpetuar-se [...]. Existem também ritos e cerimônias que são atividades planejadas para fortalecer a cultura, por exemplo, temos rituais de integração como: almoços, passeios, confraternizações de fim de ano etc., que tentam promover uma maior coesão entre os membros de uma organização dando-lhes a sensação de que estão todos num "mesmo barco", temos ainda rituais de reconhecimento como: condecorações e eleição de funcionários padrões da empresa (colocando inclusive suas fotos em destaque para os clientes observarem) que visam enaltecer os valores organizacionais que os dirigentes acham ideais.

Dessa forma, é possível destacar da citação alguns elementos, como, por exemplo, o tempo de convivência que gera padrões de comportamento. Para entender, basta pensar numa pessoa muito próxima e suas manias. Nesse caso, é natural que com o tempo vocês se entendam melhor. Alguns chamam de amadurecimento, mas a verdade é que se criaram padrões, formas de lidar com as situações, hábitos e a este "conjunto de hábitos e crenças estabelecidos através de normas, valores, atitudes e expectativas" (RH, 2008) chama-se cultura.

Ainda assim, uma afirmação de Cabral (2010) nos intriga, pois, se a cultura é criada pelas pessoas, como pode ela se perpetuar ao longo dos anos? Isso seria admitir o poder personalizado das organizações, onde estas últimas "são formadas por cargos e não pessoas", como afirmava Max Weber? Visão esta bastante radical, mas não totalmente equivocada.

De fato, a própria evolução do pensamento administrativo já admitia que as organizações possuíam dois tipos de estrutura: a formal e a informal. Nesse caso, ao trabalhar a ideia de perpetuação, estamos nos referindo à parte formal, onde existem regras e modelos documentados, em que a forma como os processos devem acontecer são predefinidas; em que o organograma apresenta de forma simples a estrutura e as relações de poder. E ai de quem ousar dizer que a parte formal não é importante. Pelo contrário, ousamos dizer que sem ela seria impossível ter organizações tão dispersas pelo mundo. Inclusive a ideia de franquia, febre nos dias atuais, teria grande dificuldade de sucesso.

Aliás, a própria gestão de processos teria grande dificuldade de alcançar o êxito caso não trabalhasse com sistemas formalizados. Sem documentar os processos, definir tempos, pessoas, áreas etc., como seria possível disseminar a ideia deste modelo de gestão? Como colocar em prática de uma forma sistêmica? Documentar neste caso é essencial, mas não suficiente, e este é o ponto.

Durante toda esta obra, há uma preocupação nítida de fazer com que você, leitor, note a importância desta proposta que não é necessariamente nova, mas que tem se mostrado bastante coerente com a atual realidade das organizações. Entretanto, gerir processos não é simplesmente mapeá-los. Mapear faz parte, mas gerir engloba planejar, organizar, dirigir e controlar recursos (financeiros, materiais e tecnológicos) e pessoas com o intuito de alcançar um objetivo.

Para tanto, este modelo de gestão não se restringe à parte formal, mas sim trabalha com pessoas em busca de um objetivo. Pessoas estas responsáveis pelos processos e que podem perfeitamente alterar hábitos conquistados com o tempo de convívio. Trazendo este para a realidade brasileira, vale mencionar uma situação simples, mas que explicita bem este aspecto, pois o brasileiro cresce ouvindo que é falta de educação comer sem oferecer. Assim, não são poucas as vezes que, de forma até mesmo intuitiva, dividimos nossos alimentos. Desde o biscoitinho até mesmo uma refeição. No entanto, ao ter contato com outras culturas, em especial da América do Norte, vemos que o comportamento é outro e "ninguém briga por isso", mas ao conviver com o brasileiro, não são poucos os norte-americanos que mudam seus hábitos.

Portanto, trabalhar a influência não só das pessoas, mas da cultura, na gestão de processos é fundamental. E, neste momento, vale ressaltar dois elementos também citados por Cabral (2010), ritos e rituais, tendo em vista que muitos são os equívocos relacionados a tais temas. Rituais são as cerimônias, como consta nos exemplos supracitados, enquanto que ritos referem-se aos processos que ocorrem de forma costumeira, não planejada.

Por fim, mas não menos importante, diante da importância de tal tema, para terminar trazemos uma grande contribuição de Fleury (1991), que apresenta formas de desvendar a cultura de uma organização. Dentre elas destacam-se:

1. histórico: refere-se ao momento de criação de uma organização, sua inserção no mercado, de modo que fornece um cenário necessário para compreensão de sua natureza, suas metas, seus objetivos. Aliás, o fundador neste contexto tem um papel fundamental, pois é ele quem tem o poder para estruturá-la, desenvolvê-la e tecer elementos simbólicos consistentes com esta visão;
2. incidentes críticos: tais como crises, expansões, fracassos ou sucessos também são formadores de sua história. Neste caso, é natural que valores importantes de serem preservados sejam evidenciados, ou mesmo questionados;
3. processo de socialização: é fundamental para a disseminação dos valores organizacionais. Para tanto, são utilizadas ferramentas como *datashow*, *tour* pelas áreas, entre outros;
4. políticas de recursos humanos: são responsáveis por intermediar a relação pessoas/organização. Desta forma, ao analisar suas políticas é possível perceber padrões culturais;
5. processo de comunicação: fundamental para transmitir de forma clara e objetiva os valores da organização. Sendo assim, identificar os meios utilizados auxilia no entendimento dos relacionamentos que ali ocorrem; e
6. organização do processo de trabalho: sua análise com base na tecnologia utilizada e nas pessoas que ali estão possibilita a identificação dos tipos de relação de trabalho.

FINALIZANDO

Neste capítulo, como o próprio título sugeriu, foi trabalhado o papel das pessoas na gestão de processos. Para tanto, buscou-se explorar temas de extrema relevância, como competência, liderança e cultura. Ainda assim, por serem estes temas extremamente extensos, fomos o mais objetivo possível, tendo em vista que o foco era a relação dos temas com o modelo de gestão de processos proposto.

Portanto, após leitura ficou claro que competência pode e deve ser conquistada; que liderança não pode ser imposta; e que a cultura precisa ser trabalhada em prol de novas propostas que surgem a cada dia, seja esta a gestão de processos ou não. Para tanto, conhecer é fundamental. Conhecer é a base. Do contrário, não existirá habilidade capaz de tomar qualquer atitude.

Neste caso, buscou-se a todo o momento sair do senso comum e desfazer equívocos acerca de tal relação, a fim de demonstrar que para se alcançar a excelência neste modelo de gestão é preciso trabalhar com as pessoas os valores que regem a organização.

ESTUDO DE CASO

A discussão seguia intensa quando André, gestor da área de finanças, resolveu intervir, pois até aquele instante ele somente ouvia. Disse: "É preciso entender que hoje em dia há dois tipos de organizações: a mecânica e a orgânica e, portanto, nada vai ajudar se ficarmos aqui debatendo, discutindo se devemos ou não exigir de nossa força humana que chegue sempre na hora; que aponte falhas de colegas do mesmo setor ou não; que aponte alternativas; que só se envolva em discussões que tragam resultados para a empresa e, acima de tudo, não critique a empresa fora dos nossos limites". Curiosamente, nada falou sobre o caráter orgânico ou mecânico. Na verdade, a discussão entre os gestores prosseguia numa demonstração de que a intervenção de André não foi tão boa. Luciana, gestora de RH, ao retomar a discussão, foi enfática quando falou e gesticulou com relação ao que ela entende como sendo vital para a vida da empresa: "Vocês sabem o que é CHA? Não, não é uma bebidinha gostosa para depois deste nosso almoço. CHA são três letrinhas cuja origem é: conhecimento, habilidade e atitudes. Esse, diria, quadro tríptico deveria governar nossas vidas aqui dentro. Quero dizer, vamos olhar nossos funcionários, funcionárias sob este ângulo que envolve três ações distintas de cada um de nossa estrutura social. Pouco vai adiantar punir quem chega atrasado, elogiar quem dá boas sugestões, quem aponta falhas do vizinho. Nada disso nos levará a algum lugar. Para encerrar, ao dizer que uma pessoa é competente não fiquem impressionados com a simpatia, com o bom falar, com sorrisos, com eventuais boas ideias, pensem no CHA". Fabiana, executiva vinculada à direção de relações institucionais, calada até aquele instante, entrou na pequena discussão: "Vivo por aí, represento nossa empresa em muitos eventos, eventos de enorme seriedade, eventos basicamente alegrinhos, converso com presidentes concorrentes do nosso negócio ou não, converso com chefias intermediárias e não poucas vezes com a turma mais abaixo na hierarquia e o que eu percebo é simplesmente: o mérito está em quem sabe liderar. A liderança é tudo. Ser um bom chefe, gestor etc. ajuda, mas liderar é fundamental, podem crer. E para liderar é fundamental entre outras coisas entender o que o André falou faz um tempinho e vocês fingiram que nada ouviram. Enfim, para liderar você tem de saber em que tipo de organização você está: se mecânica ou orgânica e a partir daí buscar caminhos que ajudem a liderar o seu grupo de atores, entenderam?". Isabel, gestora de produção, que estava bem ao lado, falou alto e em ótimo som: "A cultura, gente, a cultura, sem entender a cultura local, nacional, internacional, ou seja, onde nossa empresa estiver é vital que a gente entenda os aspectos culturais mais relevantes e que nos falam de perto; caso contrário, ser competente, ser bom chefe, ser um líder vai adiantar quase nada. Belém não é este planeta, o mundo não tem de ter a nossa cultura. Ponto final. Vamos trabalhar e hoje nem quero sobremesa, amanhã a gente conversa, preciso achar caminhos para aumentar a nossa presença nos mercados". Anita, já se levantando, ainda ameaçou um comentário sobre a busca da integração entre o chamado CHA, mas foi vencida por todos que saíram de volta ao trabalho.

Seu trabalho ou de você e seu grupo é o de fazer uma apreciação sobre o que todos estavam falando, discutindo. Explicar cada tópico considerado relevante, considerando uma empresa que atue no norte do Brasil e exporta muito.

Nota: este caso é hipotético e qualquer semelhança com nomes de pessoas, localização, nomes de empresas será, rigorosamente, mera coincidência.

QUESTÕES PARA DEBATE

1. Distinga sistema aberto de sistema fechado.
2. Relacione organização mecânica e organização orgânica com a gestão de processos.
3. Como saber se uma pessoa é competente ou não? Qual a relação do tema com a proposta do modelo de gestão de processos?
4. Comente a seguinte assertiva: "variáveis externas podem interferir no processo e fazer com que não se alcance o resultado esperado, o que não demonstra, de forma alguma, incompetência do profissional". Concorda? Discorda? Por quê?
5. Explicite e explique os motivos que influenciam a postura dos líderes. Você concorda que na prática é assim que ocorre?
6. Qual o equívoco na prática da liderança nas organizações?
7. Cite e explique três elementos formadores da cultura organizacional.
8. Qual a diferença e a semelhança entre ritos e rituais. Dê pelo menos um exemplo para cada.
9. Foram apresentadas no texto formas de desvendar a cultura de uma organização, proposta esta de Fleury (1991). Como tais informações ajudaram em

seus estudos? Qual a grande contribuição da proposta para a gestão de processos?

10. Tendo lido todo o capítulo, relacione os temas de cada tópico com a gestão de processos. Não utilize mais do que quatro linhas.

REFERÊNCIAS

BURNS, Tom; STALKER, G. M. *The management of innovation*. Oxford: Oxford University Press, 1961.

CABRAL, Cláudio de Oliveira. *Cultura organizacional*: conceitos, crenças e personagens. Disponível em: <http://www.cra-rj.org.br/site/espaco_opiniao/arquivos/art-005.pdf>. Acesso em: 23 jul. 2010.

FLEURY, Maria Tereza Leme; FISCHER, Rosa Maria. *Cultura e poder nas organizações.* São Paulo: Atlas, 1991.

RH portal. O que é cultura organizacional. 9 jan. 2008. Artigos. Disponível em: <http://www.rhportal.com.br/artigos/wmview.php?idc_cad=582qebocp>. Acesso em: 28 ago. 2010.

7

Gestão da Mudança

A literatura direcionada a propostas de mudança organizacional mostra claramente a complexidade das dinâmicas do cotidiano dessas organizações. O mundo das organizações pouco mudou no século passado. Deixe-nos explicar: é lógico que muito mudou, países se tornaram potências, outros perderam essa condição, outros desapareceram, as economias se agigantaram. Nossa referência nesta obra é a organização e a tecnologia utilizada para a busca da excelência. Durante a primeira metade do século passado, predominou a tecnologia voltada essencialmente para o modo como as coisas eram feitas e a busca incessante da eliminação dos excessos e natural eficiência contínua; as ferramentas não eram pouco mais de meia dúzia. Assim, organogramas, manuais predominavam e, no caso brasileiro, havia a utilização dos fluxogramas, que eram gráficos de rotinas específicas. Aliás, da mesma forma os organogramas e manuais eram ferramentas de situações específicas. É bem verdade que alterações globais eram motivadas pelos organogramas e manuais e não se pode considerá-las específicas. Também é verdade que ambas tratavam com frequência de situações específicas, ou seja, que em princípio trariam melhoras facilmente localizáveis.

Na última década do século passado, surgiram ferramentas (algumas também conhecidas como tecnologias) que acompanhavam as transformações contínuas que levavam a quebra de padrões, antes considerados eternos. E os procedimentos voltados às mudanças necessitavam de uma nova análise cuidadosa. No passado eram possíveis o engano, a estratégia equivocada, até mesmo uma razoável despreocupação com a conquista de novos clientes, novos consumidores. Para conhecer algumas dessas recentes tecnologias, sugerimos a leitura do Capítulo 7 do livro de Saulo Barbará (2006).

E chegamos ao século XXI e à impossibilidade do erro. Um exemplo concreto: um investimento de 10 bilhões de dólares na telefonia celular que exigia a circulação de satélites exclusivos foi para o "lixo". A publicidade dizia que o possuidor daquele telefone teria um único número para utilização planetária. Acabou sendo a única vantagem na época (importante: menos de dez anos atrás). O telefone não funcionava em ambientes fechados e era do tamanho dos primeiros celulares, lembram? Na época do lançamento os telefones celulares já tinham tamanhos que permitiam a portabilidade sem grandes problemas. NOTA: *Iridium* era o nome do celular e o fabricante, a Motorola. Bilhões de dólares foram perdidos, embora os 60 e poucos satélites tenham sido vendidos por alguns poucos milhões de dólares. Vale acrescentar que o *Iridium* foi revitalizado, mas em circunstâncias de outra ordem.

O exemplo é único em valor, mas não único em termos de incompetência na gestão organizacional.

Como alternativa possível à gestão da organização que atendesse à velocidade a ser empregada, surge a gestão de processos, pela qual, como já visto em capítulos anteriores, é possível alcançar resultados de excelência no tempo desejado.

7.1 MUDANÇA E PROCESSOS

Estamos em pleno século XXI e ainda ouvimos que a gestão empresarial é realizada através do planejamento, da execução, da direção, do controle, de padrões estabelecidos, da hierarquia e de outras funções de alguma relevância. É certo que as mudanças estão chegando e não estão chegando aos poucos, e sim de cinco em cinco anos ou menos. Já não é mais possível aguardar nada por um período superior a dias (é um exagero nosso, mas pense na última vez que pediram a você um determinado estudo na sua empresa e o prazo foi dado. Podemos garantir que esse prazo raramente foi superior a dez dias. E você reclamou, mas disse "OK!").

As mudanças estão chegando, já é possível fazer trabalhos em casa (o chamado *home office*), ninguém garante que não há melhor forma de se pagar uma conta qualquer num caixa eletrônico, porque já há aplicações que buscam uma forma mais rápida e que agrade o correntista, via celular, por exemplo; há pouco, o carro elétrico era uma impossibilidade econômica por causa dos valores envolvidos e até mesmo a quase impossibilidade de o abastecimento ser realizado a qualquer momento. Pois bem, o carro elétrico em dois, três anos, será uma realidade comercial possível com custos e dificuldades semelhantes aos veículos tradicionais. E aí a dependência ao petróleo será minimizada, de modo que a esta transformação se somarão tantas outras que vêm acontecendo. Aliás, nos arriscamos a incluí-la na Figura 7.1 na certeza de ser este mais um processo irreversível de transformação.

MUDANÇAS

Home office
Bancos *on line*
Carro elétrico
Etc.

Figura 7.1 *Exemplos de mudanças do século XXI.*

Nas organizações, as reuniões dos gestores dos mais variados níveis já não tratam como prioridade as questões do dia a dia, mas sim as questões dos dias que virão. O cotidiano é relevante, é claro. E aqui entram os novos caminhos para os procedimentos de mudança quando temos condições, melhor, quando somos detentores dos meios e modos ou quando temos condições de lutar e conseguir esses meios e modos. Afinal as incertezas, turbulências e instabilidades de mercados domésticos e internacionais e, mais recentemente, as instabilidades de natureza ambiental estão afetando o planeta, não apenas aqui e ali. Por tudo isso, os tantos processos internos ou que dependam de ações e variações externas podem também ter a sua validade abreviada. E precisamos encontrar caminhos onde seja possível dar qualidade ao esforço e conseguir a manutenção dessa qualidade. No fundo é uma questão de sobrevivência, pois que, na verdade, é o que toda organização busca: sobreviver, não necessariamente ter lucro.

7.2 TECNOLOGIA DA INFORMAÇÃO, PROCESSOS E ORGANIZAÇÕES

A tecnologia da informação (TI, daqui em diante) exerce um papel fundamental na gestão de processos, e isso significa que não se pode ficar distante de TI e a turma de TI não pode se afastar dos demais da organização. Sabemos que em muitas organizações os profissionais de TI num passado não tão distante não mantinham uma relação de proximidade com a organização. Com o advento do microcomputador essa aproximação foi possível e hoje é irreversível. Nas empresas praticamente todas as pessoas da organização são possuidoras de seu micro e os utilizam para os mais variados trabalhos, desde a simples digitação até trabalhos que exigem conhecimentos muitas vezes de posse apenas dos profissionais de TI. Com a crescente formalização da gestão de processos no corpo da organização alçada à condição de função nobre, a vinculação de TI, repetindo o que dissemos acima, chegou para ficar.

Laurindo (2005), corroborando esse atual esforço, entende que a TI "é vista como fator de viabilidade desta integração em abrangência mundial, bem como de criação de novas estratégias de negócio, de novas estruturas organizacionais e de novas formas de relacionamento entre empresas e entre empresas e seus consumidores". Antes dessa afirmação mencionamos a importância de TI nas nossas organizações e agora temos Laurindo, que estende, amplia essa importância para fora dos muros organizacionais, derrubando os muros organizacionais de todas as organizações do planeta. Impossível não concordar que a gestão de processos tem hoje caráter de integração em todo o mundo, ocidental com certeza, mundial ainda não, mas estamos a caminho. Na Figura 7.2 é feita uma analogia entre TI e a transformação que ela causou. Nesse caso, fazemos uso de um chapéu, onde TI, representado pela aba, facilita o relacionamento entre as partes e aumenta a sua integração, mas sua ausência não impossibilita a organização de atuar. Nesse caso, mesmo sem aba o chapéu é capaz de exercer sua função de proteção, mas certamente perde um pouco a sua força. É importante que você, leitor, entenda que realizar mudanças nas organizações implica maiores conhecimentos e maior competência do que pouco tempo atrás. Note que implicações de caráter mundial são, de certa forma, muito recentes. E sabemos que a literatura hoje acompanha bem de perto as transformações de toda ordem no mundo dos negócios.

Figura 7.2   *TI como "aba" do chapéu.*

Você, leitor, percorrendo a literatura de TI e de gestão de processos, vai encontrar muitos pontos de contato. Sem dúvida alguma, a integração de TI no cotidiano se deve à explosão de tecnologias que surgiram no final do século passado quando tais tecnologias consideravam a integração de TI no todo organizacional. Na conhecida reengenharia, erroneamente popularizada como tecnologia do corte de 30% do corpo funcional, a postura de seus criadores era muito clara, pois exigiam que o profissional que aplicava a reengenharia deveria desconhecer, não aceitar, o existente como melhor. Assim, ao informar ao gerente x que iria estabelecer um novo processo para a atividade y, ouvia da parte do gerente o relato de como era e, em seguida, tentava dizer como gostaria e era interrompido pelo profissional que encerrava essa primeira conversa dizendo: "O processo anterior não existe mais, agora vamos conversar sobre o novo processo, mas, por favor, não exemplifique ou justifique dizendo que antes era assim". Na verdade, eliminar o passado é uma característica da reengenharia, cujo princípio era tudo começar com uma folha de papel em branco.

Não é possível afirmar, mas certamente a reengenharia e outras tecnologias são diretamente responsáveis pelo surgimento e fortalecimento da gestão de processos.

Vamos concentrar nossos esforços nas organizações, já que nos dedicamos a TI e processos, ainda que tenha sido difícil separar uma da outra. No caso das organizações, é bem mais provável que nos fixemos integralmente nesse compromisso firmado no início do parágrafo. Ainda hoje encontramos com muita facilidade as organizações com uma estruturação e dinâmicas semelhantes. As organizações pequenas são aquelas com um organograma de fácil compreensão: diretor, três ou quatro departamentos e as tradicionais subdivisões e seções, setores ou mesmo serviços e nessas subdivisões as unidades – ou apenas pessoas – voltadas para a produção e venda. As organizações médias seriam aquelas com alguma complexidade com diretorias, algumas gerências e as demais subdivisões à semelhança das organizações chamadas pequenas. As organizações médias têm visível tendência ao crescimento, principalmente quando se somam a outras organizações, na busca de fortalecimento e maior presença no mercado. As chamadas grandes organizações vão exigir um texto mais longo e uma especial atenção de você, leitor, pois são organizações que, geralmente, são preferências dos(as) candidatos(as). Até algumas décadas atrás, a organização considerada grande tinha um número significativo de diretorias, igualmente com relação às gerências e subdivisões à semelhança das médias, só que bem mais complexas, com um quadro funcional bem maior que as médias e um número de filiais ou franquias distribuídas por todo o país e em muitos casos com presença fora do país. Essa visão de certa forma simplista cede lugar agora a uma razoável complexidade.

Por razoável complexidade entendemos a existência de novas composições organizacionais, são elas as redes, as cadeias e os chamados *clusters* (agrupamento de empresas com interesses comuns, palavras ainda sem tradução consagrada para a literatura técnica). A existência dessas associações coletivas surgiu em função da permanente busca pela eficiência, pela maximização de resultados conducentes ou não de forma direta ao lucro, mas conducentes, certamente, à excelência empresarial.

Uma excelente exemplificação nos é dada por Amato Neto (2005), organizador da obra *Redes entre organizações*, cuja origem vem do sistema empresarial japonês que se baseou na "interação estratégica e no alinhamento de três formas básicas de organização industrial: a fábrica, a empresa e a rede interempresarial", e o organizador continua demonstrando que diferentes agrupamentos foram sendo criados ao longo da história japonesa, que ele classificou em três tipos facilmente distinguidos na Figura 7.3 e explicitados a seguir.

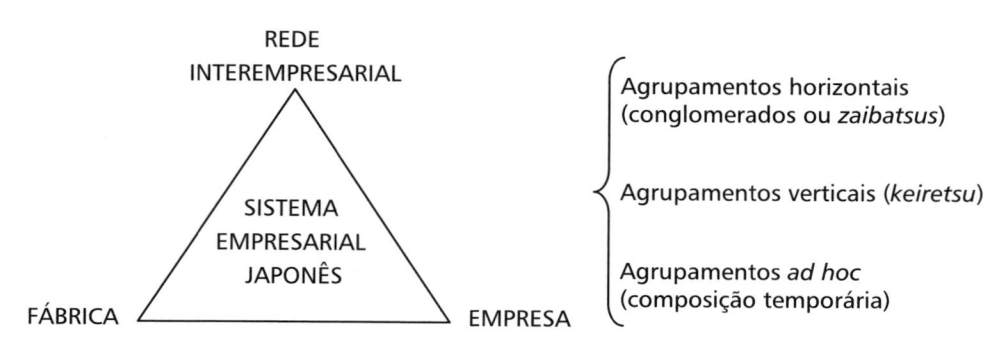

Fonte: Amato Neto (2005).

Figura 7.3　*Origem e classificação dos agrupamentos criados ao longo da história japonesa.*

a) os agrupamentos horizontais de diferentes indústrias, que hoje contam com grupos como Mitsubishi, Sumitomo, Mitsui, Marubeni, Itochu (esses conglomerados nipônicos são também conhecidos como *zaibatsus*, que é uma versão primitiva do que hoje chamamos conglomerados ou em alguns casos oligopólios);

b) os agrupamentos verticais, dominados por uma empresa de grande poder econômico e outras que dependem dessa empresa ou que são fornecedoras de alguma forma. Habitualmente é composta de uma estrutura baseada em duas partes, sendo um núcleo central, ou seja, como mencionado anteriormente, composta de uma empresa de raro poder econômico e um conjunto de pequenas organizações independentes, mas que dividem acordos de natureza negocial. É, na realidade, uma visão empresarial semelhante ao *zaibatsu,* com a diferença de que o *keiretsu* tem uma estrutura mais horizontal, com uma cadeia de subordinação mais curta; e

c) os agrupamentos *ad hoc*, onde as empresas participam de uma composição temporária, definida num determinado tempo anteriormente acordado, como já acontece em países como o Brasil.

Para acrescentar alguma informação que venha dar suporte à ampla necessidade que as organizações têm de assumir a gestão de processos como alternativa única nos dias de hoje para competir em pé de igualdade, sentimos necessidade de desenvolver algumas informações sobre *networks* (redes, em bom português) de cooperação interempresarial que podem ser definidas como "formas de organização da atividade econômica via ações de coordenação e cooperação entre empresas, baseadas ou não em contratos formais" (NAKANO, 2005).

A formação dessas redes ou *networks* pode ser motivada por diversos fatores apresentados no Quadro 7.1 e trabalhados a seguir.

Quadro 7.1   *Fatores que motivam a formação de redes ou* networks

Fatores
imposição legal ou de uma instância superior;
busca por controle (assimetria);
reciprocidade;
necessidade de maior eficiência interna;
busca por estabilidade; e
procura de legitimidade.

1. a imposição legal ou de uma instância superior, como no caso de certas linhas de financiamento, às quais é permitido acesso somente a consórcios entre empresas e instituições de pesquisa;

2. a busca por controle (assimetria) quando uma organização procura exercer controle sobre outra ou sobre os seus recursos de outra organização;

3. a reciprocidade, quando relações são estabelecidas por organizações que compartilham objetivos comuns iniciando relações de cooperação e coordenação;

4. a necessidade de maior eficiência interna, quando uma organização preocupada em melhorar a sua própria eficiência busca estabelecer relações com outras empresas para reduzir seus custos de transação;

5. a busca por estabilidade, em face das incertezas do ambiente competitivo. Nessas condições, organizações podem buscar o estabelecimento de relações para diminuir a sua vulnerabilidade; e

6. a procura de legitimidade, quando uma organização busca melhorar tanto sua reputação e imagem quanto sua visibilidade e prestígio através do estabelecimento de relações com organizações aceitas e respeitadas em seu meio (OLIVER, 1990).

O que desejamos ao apresentar a você as já conhecidas redes interorganizacionais é a certeza de que este planeta ficou menor com a mundialização das ações, competições e da busca da sobrevivência considerando sempre a urgência em se ter ou preservar a excelência organizacional. Hoje, muito mais do que poucos anos atrás, é fundamental, imprescindível mesmo, que as grandes corporações busquem, articulem novos fluxos que permitam a formação de *networks* objetivando resultados que maximizem resultados de ordem financeira, como também objetivando a manutenção do *status quo* quando essa posição é uma posição de forte liderança no mundo dos negócios.

Afora as já mencionadas configurações de organizações possíveis, temos nesses novos tempos a complexidade dos esforços de natureza operacional em que as mudanças operacionais são no sentido da maior eficiência e adoção de sistemáticas mais modernas, como a gestão de processos, que é o nosso compromisso nesta obra, além das ações internas, mas relacionadas ao ambiente que interessa, ou seja, o espantoso crescimento das fusões, aquisições, diversificações, alianças estratégicas de toda sorte e entre organizações que num primeiro momento nada teriam que pudesse fazer parte de algum acordo, alguma aliança, terceirizações que mais parecem parcerias. Tudo isso em nome de maior competência e de permanente competência que teria a possibilidade de otimização da excelência empresarial.

Por tudo isso, a administração logística que já vinha crescendo no Brasil ganhou impulsos extraordinários que agora, mais do que nunca, envolvem com extremo cuidado as atividades da chamada cadeia de valores. E a gestão de processos tem papel extremamente relevante, pois tem de acompanhar as sucessivas quebras de paradigmas que "assaltaram" as organizações nos últimos anos.

O que desejamos passar ao leitor é que o ambiente, e não só o ambiente dos negócios, mudou espantosamente nos últimos dez anos e mudará, também, de forma não tão espantosa, mas mudará significativamente mais à frente. Portanto, não estamos falando de um passado distante, estamos falando de um passado quase que ainda presente e imaginando um futuro muito próximo.

Com o propósito de desenvolver um modelo de mudança que permita uma gestão adequada, queremos que você, por intermédio de um quadro sobre mudanças ambientais, entenda definitivamente como será o mundo das organizações daqui a um tempo, nada longo.

Quadro 7.2   *Mudanças ambientais*

Da década de 1970	Da década de 1990	Da década de 2010
Mercados domésticos protegidos	Mercados abertos	Mercados abertos globalizados e integrados
Mercados financeiros regulamentados	Mercados financeiros desregulamentados	Mercados financeiros perigosamente desregulamentados
Taxa de câmbio estável	Taxa de câmbio flutuante	Taxa de câmbio flutuante
Baixo nível de desemprego	Relações de trabalho flexíveis	Relações de trabalho flexíveis e desemprego crescente
Dois polos econômicos (EUA e Europa)	Blocos econômicos: UE, Ásia	Blocos econômicos: UE, Ásia (grande destaque para a China e destaque para os Tigres Asiáticos: Cingapura (ou Singapura) Coreia do Sul, Hong Kong e Taiwan)
Crescimentos das economias industrializadas	Indústrias transferidas para lugares onde a mão de obra é mais barata	Crescente o número de indústrias transferidas para lugares onde a mão de obra é mais barata
Estruturas organizacionais pesadas	Estruturas enxutas e flexíveis	Estruturas enxutas, extremamente flexíveis, acentuadamente horizontais
Organizações burocráticas	Pluralidade de modelos organizacionais	Pluralidade de modelos organizacionais com ênfase nos processos
	Mercado virtual incipiente e pouco promissor	Mercado virtual crescente e economicamente relevante
		Novas estruturas de negócios, considerando-se as profundas modificações em função do mencionado anteriormente (mercado virtual e Internet, que são termos geralmente aceitos)

Não temos a intenção de analisar com maior detalhamento e profundidade as transformações que ocorrerão na década recém-iniciada, mas nosso propósito, repetindo o que mencionamos anteriormente, é o de demonstrar a você que, contrariamente ao que ocorria num passado ainda próximo, o trabalho de desenvolvimento das tantas dinâmicas organizacionais terá de considerar sempre o tipo de organização a que você pertence. Mencionamos algumas possibilidades concretas de tipos de organização que, certamente, ajudarão você a dar continuidade ao seu esforço profissional.

7.3 DELINEAMENTO DE MODELOS DIRECIONADOS À MUDANÇA ORGANIZACIONAL

Por vezes, o modelo para a mudança organizacional é projetado visando às unidades que compõem o campo de estudo e mudança propriamente dita, e daí surgem as orientações para viabilização do esforço profissional. Nosso modelo é específico para a gestão de processos, para a melhor gestão possível de processos. E desejamos que o leitor considere que vivemos no início de uma segunda década do século XXI, queremos que principalmente considere um modelo de mudança organizacional visando ao caráter sistêmico da gestão de processos. Com esse entendimento, o leitor tem de entender que, diferentemente de outros esforços de mudança em processos, a participação das pessoas da organização é, praticamente, da ordem de 100% quando da finalização do esforço.

E aqui nos preparamos para finalizar as primeiras observações, tendo como personagem única o jovem, aquele que vive num mundo que ele entende como normal: celular, Internet, uma popularização de *notebooks*, *netbooks*, *e-mail*, redes sociais globais (*twitter*, *facebook* são exemplos bastante conhecidos), possibilidades de sintonizar até 100 ou mais canais de TV, GPS no automóvel, na bicicleta, TV digital em qualquer lugar. Tudo isso para o jovem é, praticamente, lugar-comum, mas o relevante é mostrar ao jovem que para ele tudo isso é normal, faz parte do mundo dele, mas não necessariamente dos seus superiores, alguns em idade em que o lugar-comum do jovem ainda é uma razoável novidade e nem sempre a razoável novidade tem adeptos de toda sorte.

Essa referência aos gestores, na maioria das vezes, em idade bem superior aos demais componentes do corpo funcional, nos lembra algo de extrema relevância quando se fala da organização em ação, no seu dia a dia: num passado nada distante, poderíamos dizer, no final do século XX, os gestores atribuíam tarefa e não tarefas aos subordinados, talvez uma tarefa e uma tarefa adicional, claramente, vinculada à tarefa anterior. Se, por acaso, fossem passadas tarefas que deveriam ser desenvolvidas ao mesmo tempo, tinha em retorno um comentário de negação, pois estava com mais coisas a fazer. Hoje, e certamente você concorda, os gestores podem passar duas, três tarefas ao subordinado, jovem, que tem capacidade intelectual para ouvir as tarefas e ao mesmo tempo está pensando em alguma outra coisa, não necessariamente vinculada às tarefas a ele dedicadas.

Portanto, qualquer modelo de mudança organizacional tem de considerar essas alterações tecnológicas que, fundamentalmente, aproximaram as pessoas, quer socialmente, quer funcionalmente. E, então, podemos considerar que num momento anterior aos claros movimentos de mudança sensibilizar se faz necessário. Essencialmente consideramos que a dinâmica da mudança deve conter questionamentos, sendo que alguns mencionamos a seguir (Quadro 7.3):

Quadro 7.3   *Questionamentos da dinâmica da mudança*

Questionamentos
O que cada ator conhece dos processos envolvidos na ação.
O que cada ator pensa desse novo esforço.
O que os facilitadores ou gestores localizados em unidades específicas pensam a respeito dos seus atores envolvidos.
As primeiras percepções dos atores com a intenção de fazer os primeiros ajustes.
Que generalizações fazem aos processos.

a) *o que cada ator* (significa ambos os sexos, embora a palavra seja masculina) *conhece dos processos envolvidos na ação*. No passado não tão distante, os autores, em geral, mencionavam indivíduo e não como estamos propondo. E fazia sentido, pois os processos eram tratados de forma isolada, assim como as pessoas, os indivíduos. A preocupação era o esforço de cada um, e não a busca de resultados a partir do trabalho dos atores envolvidos, ou seja, como as pessoas entendiam, agiam, duvidavam, questionavam, tal qual atores atuando em espetáculos;

b) *o que cada ator pensa desse novo esforço*: ou seja, é crucial saber o que as pessoas pensam, pois a gestão de processos implica conhecimento, em saber. Em processos um passo mal dado significa uma quebra no sistema que trará dificuldades mais à frente quando o passo mal dado se somará a tantos outros que, em princípio, estavam corretos e agora não estão mais porque incorporaram um passo erroneamente executado. Veja você que não estamos tratando do desempenho de uma pessoa numa determinada tarefa que se mal executada será em pouco tempo percebida numa eventual avaliação daquela tarefa. Na busca pela melhor gestão de processos, o passo inadequado trará prejuízos ao sistema e não apenas àquele que teve uma deficiência no seu desempenho;

c) *o que os facilitadores ou gestores localizados em unidades específicas pensam a respeito dos seus atores envolvidos* nos procedimentos de mudança, que avaliação fazem, como transmitem as instruções para a melhor consecução dos objetivos mais nobres da mudança e, consequentemente, maior eficiência e eficácia aos processos como um todo;

d) *as primeiras percepções dos atores com a intenção de fazer os primeiros ajustes*: inevitáveis principalmente quando a mudança envolve a gestão de processos, é importante mencionar que neste capítulo sempre entenderemos a gestão de processos como uma gestão que envolve o todo organizacional e não a gestão de processos num dado agrupamento de unidades. A detecção de eventuais distorções deve imediatamente sofrer as correções necessárias, pois, repetindo uma vez mais, na gestão de processos distorções, se não corrigidas, trarão danos à gestão como um todo e não apenas pontualmente;

e) *que generalizações fazem aos processos*: generalizações provocam o raciocínio, estimulam alternativas, trazem mais benefícios do que distorções. Contudo, o importante é que sejam expostas nas muitas reuniões que têm de acontecer.

É preciso que você, leitor, entenda que os questionamentos acima visam essencialmente a sensibilizar o corpo funcional ao longo de todo o esforço profissional, e não somente sensibilizar para que os atores compreendam, se motivem e aceitem participar de todas as ações de mudança. Entendam que diferentemente do que lemos com alguma frequência, a sensibilização deve estar sempre presente, do primeiro ao último minuto.

7.4 MOMENTOS DA MUDANÇA

Vamos listar e apresentar 13 momentos distintos, mas interligados, de procedimentos direcionados à melhor gestão de mudanças possíveis com condições extraordinárias de promover a níveis superiores a gestão de processos na organização (*vide* Quadro 7.4). É importante que você, leitor, entenda, repetindo, que na gestão de processos todos devem ter consciência da exigência que sugerimos ao longo do capítulo, no sentido de que os atores todos devem estar preparados e informados sobre o fato de se evitar a má interpretação e o julgamento precipitado e estarem prontos para dar suporte a quem quer que seja. Modernamente, sabemos que a gestão de processos se dará não necessariamente apenas com contatos pessoais da forma como conhecemos tradicionalmente. Hoje, *e-mails*, WhatsApp e equivalentes, até mesmo os crescentes instrumentos de relacionamento social ou mesmo funcional como o *Twitter*, *Facebook* e tantos outros, e não podemos esquecer a telefonia celular, têm uso que permite a resolução de problemas que surgem, por vezes, de forma repentina. É preciso que os gestores da mudança tenham em mente que o que vimos acima veio para ajudar e não para tornar difícil a execução do trabalho. Temos convicção de que o pessoal jovem tem facilidades no uso de forma individualizada ou mesmo no uso de mais de uma dessas alternativas ao mesmo tempo, sem causar prejuízos de qualquer ordem. Vamos às fases estratégicas:

Quadro 7.4   *Fases de um modelo de mudança organizacional*

Fases
Escolher entre todos os processos sugeridos e por ordem de relevância.
Realizar um estudo básico sobre a organização e o pessoal.
Definir um quadro de referências o mais cedo possível.
Realizar uma espécie de análise da informação já existente.
Entrevistar efetivamente os atores que podem contribuir.
Registrar a informação e o próximo passo a ser seguido.
Conciliar as expectativas divergentes do entrevistador com os entrevistados.
Iniciar a formulação das possíveis soluções e melhoramentos.
Analisar as soluções propostas em relação ao objetivo e as condições da organização.
Comparar o projeto que foi formulado com reais possibilidades de implantação.
Redigir um documento simples e conciso apresentando o projeto em sua fase final.
O momento da implantação é um período de transição que deve ser acompanhado de perto.
Dar a conhecer ao universo interior os resultados com esforço e reconhecer que sempre serão necessárias novas adaptações.

a) *Escolher entre todos os processos sugeridos e por ordem de relevância o que será estudado e implantado primeiramente.*

Logo na primeira fase, você percebe que o envolvimento do corpo funcional (atores, como nominamos acima) será pleno, absoluto, total, diferentemente de outras ações direcionadas às dinâmicas da organização. E já nesta primeiríssima fase, alertamos para a ampla necessidade de buscar a sensibilização junto ao corpo funcional. A gestão de processos existe porque se percebeu o altíssimo envolvimento das pessoas, seja por simples contato, seja por *e-mail*, telefone (incluindo o celular), intranet (ainda pouco comum, mas existe) e as conhecidas redes de contato social que se tornam, também, contatos funcionais. Talvez não fosse tão necessária se houvesse o tradicional contato pessoa a pessoa, mas agora as alternativas de comunicação são grandes e os cuidados necessários levaram à gestão processual. A ordem de relevância é imprescindível por ser, na realidade, o primeiro passo de ação efetiva de mudança num número x de processos. O número indefinido se deve ao fato de mudanças na gestão de processos abranger o número necessário para análise e implementação de mudanças. Assim fica claro, aqui também, que mudanças em gestão de processos não têm de envolver toda a organização, embora, em algum momento, surja essa premência.

b) *Realizar um estudo básico sobre a organização e o pessoal. Esses primeiros dados auxiliam na definição das partes mais significativas das problemáticas em questão. Ainda nessa fase, deve ser estimada a duração do estudo e estabelecidas algumas datas-chave para facilitar os propósitos de controle.*

Nessa fase temos as pesquisas sobre o estado atual da organização e seu corpo funcional, isso porque, muitas vezes, a equipe envolvida nos procedimentos de mudança pouco conhece ou não conhece adequadamente as pessoas envolvidas na ação projetada. E mais: mesmo tendo sido formada uma equipe, isso não implica conhecimentos suficientes sobre o grupo formado e mesmo sobre as pessoas que serão afetadas pelo trabalho.

Depois desse, digamos, mapeamento, é bom partir para as estimativas de duração do estudo e desenvolvimento das mudanças projetadas e, certamente, com o estabelecimento e competente divulgação das datas-chave, como por exemplo: fixação de encontros da equipe e das pessoas envolvidas, encontros com todos os gestores envolvidos e, talvez o mais importante, datas da implementação das mudanças. Lógico que há de se prever alguns ajustes de tempo e isso deve ser informado.

c) *Definir um quadro de referências o mais cedo possível com relação à conduta a ser seguida de acordo com a magnitude da pesquisa-ação.*

Pela primeira vez, nos referimos ao termo *pesquisa-ação*, isso porque aqui já há uma visível relação entre as pesquisas realizadas anteriormente e os primeiros momentos da ação propriamente dita, portanto, faz sentido o termo *pesquisa-ação*. A magnitude desse esforço vai exigir maiores cuidados na delimitação de um quadro de referências no que se refere à condução desse esforço. É fácil você imaginar um quadro de referências para um trabalho que vai envolver, digamos, 200 unidades. Haverá um outro cuidado se o número de unidades não ultrapassar 40 ou mesmo 50. Estamos aqui apenas lançando hipóteses, tentando passar a você as cautelas que os processos em análise exigirão da equipe apontada para o trabalho.

d) *Realizar uma espécie de análise da informação já existente e iniciar contatos diretos com os envolvidos.*

Hoje, muito mais que ontem, a informação adquiriu importante papel nas organizações, não é por outra razão que temos hoje as organizações incorporando as unidades de Tecnologia da Informação e Comunicação, já reconhecidas pela sigla TIC, embora o termo mais encontrado ainda seja TI. E já nos apressamos em considerar uma nova sigla que parte do seguinte rótulo: Tecnologia da Informação e Comunicação Integrada. A extensão com a palavra *integrada* se justifica pelas enormes possibilidades de estabelecer procedimentos direcionados à comunicação: telefonia convencional, telefonia celular, cartas, *e-mails*, aplicativos de comunicação como o WhatsApp, Skype, Internet, intranet, redes de relacionamento ou redes sociais de informação. Mas é fundamental que se estabeleçam parâmetros, meios, circunstâncias desses já incontáveis procedimentos de comunicação que permitem a circulação da informação, mas que deve acontecer de forma integrada, por isso a nossa extensão na rotulagem. E note que a informação é matéria-prima dos processos e deve merecer extrema dedicação dos responsáveis pelos trabalhos de comunicação entre os processos que somados conformam a gestão de processos.

e) *Entrevistar efetivamente os atores que podem contribuir para a pesquisa-ação, tentando manter sempre uma visão objetiva da problemática, evitando o possível e, às vezes inevitável, envolvimento pessoal.*

A entrevista é o mais poderoso instrumento para se coletar informações em procedimentos direcionados a mudanças na organização, quer sejam estruturais, quer sejam de funcionamento (aqui incluídos os processos todos), e deve ser conduzida de forma a fortalecer a pesquisa-ação. O envolvimento pessoal é, muitas vezes, inevitável. Somos humanos e, sobretudo, latinos, com emoções a todo instante. De qualquer maneira, convém não dar espaço para envolvimentos pessoais, o que não é tão difícil assim. Pense você em situações pessoais que teve de dar um tratamento que não envolvesse emoções de forma intensa e você vai ver que já passou por algumas. Na vida profissional não é diferente, porque o envolvimento pessoal não é um envolvimento funcional, é pessoal mesmo.

Nossa sugestão é que o entrevistador seja o mais real possível. Se o entrevistado fizer uma pergunta cuja resposta você não quer dar, ou porque não quer mesmo ou porque não convém, encontre uma saída e não minta. Diga apenas que esse não é o momento adequado e talvez mais à frente você volte ao assunto.

f) *Registrar a informação e o próximo passo a ser seguido. Devido à multiplicidade de procedimentos e de detalhes, pelo menos notas breves devem ser tomadas para o uso posterior. Para facilitar o registro, pode-se utilizar o recurso de obter informações por meio de questionários que resumem e sistematizam os dados.*

Em capítulos anteriores, mostramos e demonstramos as técnicas possíveis de utilização em todos os momentos do trabalho com o grau de detalhamento possível. Adicionalmente à utilização das técnicas propostas neste livro, sugerimos que sejam feitas anotações curtas, breves, que possam mais tarde ser utilizadas no trabalho. Confiar na memória, tudo bem, mas não faz mal ou não dói, como dizem os mais brincalhões, fazer anotações para mais tarde somar ao que está sendo realizado.

Evidentemente que questionários ajudam muito, embora sua utilização só deva acontecer se a entrevista não puder ser aplicada por alguma razão. Por exemplo, há distanciamento geográfico considerável, então se aplicam questionários, via *e-mail* por exemplo. Ou as informações necessárias a um melhor entendimento processual são quantitativas e basta, portanto, informação de números, sem nenhum tipo de avaliação.

g) *Conciliar as expectativas divergentes do entrevistador com os entrevistados para chegar a resultados objetivos das informações obtidas via entrevistas.*

Podem acontecer e acontecem até com alguma frequência as divergências que são percebidas em esforços calcados em procedimentos de entrevistas. Existir divergências é comum, e caberá ao gestor envolvido trazer para si a responsabilidade de transformar tais divergências em ações concretas direcionadas a um território fértil que produza bons frutos.

h) *Iniciar formulação das possíveis soluções e melhoramentos, sendo que todos os que serão afetados por elas devem estar a par desse processo. Durante essa fase os gestores envolvidos já devem ir selecionando as ideias que se mostrem impraticáveis das que apresentam possibilidades de serem efetivadas, informando sempre que possível ao pessoal envolvido sobre o andamento dos trabalhos.*

O item fala por si próprio, pois é fundamental que as pessoas mais diretamente envolvidas tenham conhecimento das possíveis soluções e aperfeiçoamentos na gestão de processos. Mencionamos anteriormente que é possível o estudo dos processos em que o envolvimento seja praticamente, se não totalmente, pleno. A gestão de processos tem essa característica, qual seja, a de atingir o corpo funcional de maneira plena.

Aqui os gestores têm de estar realmente preparados, já que terão de fundamentar as suas proposições. Foi-se o tempo em que o corpo funcional apenas ouvia o que iria mudar e assim tudo acontecia. Hoje, a formação acadêmica já conta com um percentual sensivelmente maior do que tempos atrás.

i) *Analisar as soluções propostas em relação ao objetivo e às condições da organização em aceitá-las e colocá-las em prática. Nessa fase devem ser determinados e esquematizados os instrumentos que serão utilizados.*

As soluções propostas têm de partir da compatibilização dos processos, ou seja, deve haver um entendimento no qual os processos tenham um percurso que guarde lógica com outros processos que tenham alguma convergência, divergência a ser sanada num outro processo, simples passagem de controle e assim em diante. Como mencionamos anteriormente, você viu ou verá o elenco de circunstâncias de que você poderá fazer uso no sentido da melhor gestão possível. Isso vale inclusive para os instrumentos, que são muitos, a serem aplicados. De qualquer maneira, é bom repetir que esse modelo de mudança tem uma preocupação excepcional com o comportamento, atitude dos atores envolvidos na mudança. As soluções propostas pelos gestores e demais atores têm de guardar alguma correspondência com o desejado pelo corpo funcional como um todo. Na gestão de processos, não há objetivos claros, específicos com possíveis mudanças estruturais. Mas, voltando aos atores: imprescindível que os comandantes do trabalho não se distanciem do propósito de realizar um trabalho com a motivação de todos.

j) *Comparar o projeto que foi formulado com reais possibilidades de implantação, verificando exemplos similares de outras organizações que enfrentaram ou enfrentam o mesmo tipo (ou próximo) de problema e discutindo abertamente com os envolvidos a fim de consolidar as propostas apresentadas.*

Sempre que possível, fazer a comparação sugerida, e é certo que nos dias de hoje é bastante provável fazer essa comparação. A tecnologia do *benchmarking* aproximou organizações também concorrentes. Vale mencionar que *benchmarking* é uma tecnologia em que o melhor permite que outras organizações, concorrentes ou não, conheçam os motivos pelos quais foi possível ser o melhor, pois sabe que amanhã é certo que outra organização irá suplantá-lo. E aí será a vez de ele saber no que o outro agora é o melhor. Entenda que tudo isso é feito com conhecimento integral das partes envolvidas ou via acordo escrito, formal ou via apenas de concordância. Portanto, não se trata de cópia ou espionagem. Nunca. Assim será possível alterar cursos dos vários processos, estabelecendo-se novas trajetórias.

k) *Redigir um documento simples e conciso apresentando o projeto em sua fase final de realização, com referências às mudanças sofridas durante sua elaboração e aos motivos dessas mudanças. Sempre que possível, devem* ser ressaltadas as vantagens das mudanças a serem introduzidas de forma lógica e persuasiva.

O documento, sempre um relatório, pode e deve ser divulgado publicamente, ou seja, via *intranet* ou *e-mail*, ou qualquer outra tecnologia de aproximação das pessoas de forma rápida. Ali os que comandaram o trabalho sabem que o momento final está chegando, sabem que há um distanciamento natural, pois as respostas foram dadas, ou seja, a busca da eficiência e eficácia está sendo alcançada e, portanto, convém passar a todo o grupo envolvido a confiança no futuro, em função dos acertos em que todos trabalharam com denodo. Note que não devem ser frases de efeito ou palavras que somadas querem dizer muito pouco. Devem ser palavras que representem o esforço dispendido. Frases de efeito, lugar-comum, melhor nem falar. É sério! Como já dissemos anteriormente neste mesmo capítulo, o corpo funcional da maioria das organizações é composto hoje de gente com boa informação e sempre com possibilidades de acumular mais conhecimento que possa contribuir para o crescimento de cada um. É hora da implantação dos novos processos conducentes a uma mais confiável gestão de processos.

l) *O momento da implantação é um período de transição que deve ser acompanhado de perto pelos gestores envolvidos. Dessa forma, eles podem perceber e tentar corrigir rapidamente seus erros além de minimizar riscos de sabotagem.*

Modernamente, há uma exigência no campo teórico no sentido de os gestores responsáveis por todo o trabalho acompanharem a implantação para que sejam feitos os ajustes necessários que forem surgindo. E note que ajustes sempre acontecerão. Não conhecemos inexistência de ajustes em fase de implantação e manutenção. Esse é um esforço imprescindível para um resultado final extremamente positivo.

m) *Dar a conhecer ao universo interior os resultados do esforço e reconhecer que sempre serão necessárias novas adaptações e, num futuro não distante, um esforço semelhante, certamente, será necessário.*

À semelhança da fase k, é mandatória a divulgação dos resultados obtidos e o reconhecimento que será natural a existência de ajustes, acertos, adaptações. Afinal, o século XXI nos "premiou" com exigências de busca incessantes de um novo saber, ler muito, conhecer mais e mais. Esse modelo contempla a pesquisa e a ação, e, por essa razão, consideramos um modelo excelente para grandes saltos de qualidade. Em projetos, digamos, de menor expressão, com pouca necessidade de pesquisa, acreditamos que bastará reduzir as exigências presentes neste modelo. Não diríamos que fases poderiam ser eliminadas, certamente não, mas haverá um esforço menor.

Assim, vencemos as 13 fases de um modelo de mudança organizacional conducentes, especificamente, à gestão de processos. Neste capítulo insistimos, até exaustivamente, que a consideração, o respeito, a compreensão são componentes essenciais nos esforços que busquem uma mudança competente. O fato de a gestão de processos envolver, sempre, um número expressivo de atores, pede aos condutores que sejam capazes de agir nesse sentido. A possibilidade de resultados significativos é próxima dos 100% desejados por todos.

FINALIZANDO

As muitas técnicas e alternativas objetivas foram desenvolvidas ao longo do livro, e neste capítulo não nos preocupamos em exibir técnicas, mas sim dar o nosso melhor aconselhamento àqueles que responderão pelo sucesso das empreitadas destinadas a mudanças de real expressão.

ESTUDO DE CASO

O almoço corria de forma animada, os assuntos variavam entre assuntos profissionais e assuntos pessoais e mesmo eventos esportivos. Num dado momento o gestor titular da unidade de administração e finanças mencionou a sua preocupação com a situação financeira da empresa, que não era ruim, e com a forma como a administração estava sendo encaminhada. Ele disse claramente que a empresa já era reconhecida nacionalmente; saíra de um município próspero de São Paulo, já ocupava uma área comercial na capital e o sonho de ação nacional e internacional, ainda que no Mercosul, era possível. O gestor da área de pessoas e talentos concordou e estendeu a sua preocupação a todo o corpo funcional. Disse ele que não sentia que havia da parte do corpo funcional um desejo, um compromisso com a organização, com o futuro da organização. E olhando para o gestor de administração e finanças, disse que entendia o que ele dizia, mas duvidava que ele discordasse da afirmação dele, gestor de pessoas e talentos. Houve concordância. Aí entre o terceiro e último gestor, esse realmente envolvido com a área comercial, ele foi enfático dizendo que essa forma de desenvolver estudos organizacionais estava fadada ao insucesso, ou seja, qualquer estudo de maior magnitude logo pergunta o que cada um faz e como faz. E aí surgem as possibilidades de eliminar uma unidade, criar outras, fundir duas ou três em uma só. E tudo isso sempre comandado pelo gestor da área. Disse já estar cansado de ver proposições de um novo organograma. "Sou da área comercial", disse ele, "estou mais fora da sede do que dentro, lógico que exagero um pouco, mas não me conformo em ver a organização mal sair de onde está, embora reconheça que o crescimento é inegável e sei que contribuí muito para tudo isso (risos dos demais). OK, não sou o único a contribuir, vocês também (risos dos demais, lógico). Penso em buscar alternativas para reverter esse quadro." Finalizou dizendo que deveria haver um jeito, diferente das conhecidas ações de natureza psicológica, com incentivos os mais variados, prêmios para melhores ideias. Algo que mexesse com toda a organização, que fizesse com que o corpo funcional se sentisse como atores (atrizes) contracenando num palco que seria, logicamente, a própria organização.

Você e seu grupo, se for o caso, devem apresentar alternativas para que a empresa busque um novo caminho para que haja a possibilidade concreta de se atingir o desejado pelos gestores acima.

Nota: este caso é hipotético e qualquer semelhança com nomes de pessoas, localização, nomes de empresas será, rigorosamente, mera coincidência.

QUESTÕES PARA DEBATE

1. Que ferramentas predominaram durante a metade do século passado na tentativa de eliminações de excessos e da busca pela contínua eficiência?

2. Que ferramentas surgiram na última década do século passado que visavam à quebra de padrões, paradigmas antes considerados eternos? Com qual você mais se identifica?

3. Como foi a introdução do *Iridium*, inicialmente sob a forma de telefone celular, e o que você considera como razões principais para o seu insucesso?

4. O que significa *home office*, termo muito utilizado entre nós, mas quase sempre no idioma inglês, embora haja tradução perfeita para o português?

5. Neste capítulo afirmamos que o que as empresas desejam é a sobrevivência e não o lucro. Embora não haja maiores detalhes, gostaríamos de saber a sua posição com referência a essa afirmação.

6. O que são agrupamentos horizontais, verticais e *ad hoc*? E o que significam?

7. A formação de redes ou *networks* pode ser motivada por diversos fatores, entre eles... (cite ao menos três fatores).

8. Mencione com alguns comentários mudanças ambientais na década de 1970.

9. Mencione com alguns comentários mudanças ambientais na década de 1990.

10. Mencione com muitos comentários mudanças ambientais na década de 2010. E, sendo criativo, imagine mudanças ambientais não previstas no capítulo e que ainda não ocorreram nesta década, recém-iniciada.

REFERÊNCIAS

AMATO NETO, João. Redes dinâmicas de cooperação e organizações virtuais. In: AMATO NETO, João (Org.). *Redes entre organizações*: domínio do conhecimento e da eficácia operacional. São Paulo: Atlas, 2005.

BARBARÁ, Saulo. *Gestão por processos*. São Paulo: Atlas, 2006.

LAURINDO, Fernando José Barbin. Tecnologia da informação como suporte às estratégias empresariais. In: AMATO NETO, João (Org.). *Redes entre organizações*: domínio do conhecimento e da eficácia operacional. São Paulo: Atlas, 2005.

NAKANO, Davi Noboru. Fluxos de conhecimento em redes interorganizacionais: conceitos e fatores de influência. In: AMATO NETO, João (Org.). *Redes entre organizações*: domínio do conhecimento e da eficácia operacional. São Paulo: Atlas, 2005.

OLIVER, C. *Determinants of interorganizational relationships*: integration and future directions. v. 15. nº 2. Kansas: The Academy of Management Review, 1990.

8

Pesquisa

O mundo dos negócios exige constantes posicionamentos de estudiosos e profissionais das organizações na busca por melhores resultados. Nesse sentido, não tem muito tempo que um modelo de gestão vem se apresentando como um novo caminho para a administração de organizações. Este modelo, denominado gestão de processos, título da presente obra, vem sendo alvo de inúmeros debates, tendo em vista que ainda há incertezas quanto à escolha por estudos estruturais realizados em cada fração organizacional, em cada unidade, centrados nos objetivos, estruturas internas, linhas de autoridade e o elenco de funções destinado a cada unidade (seção, setor, departamento, gerência etc.) ou estudos visando à gestão de processos, críticos e não críticos da organização como um todo, ou, eventualmente, em processos que atingem uma boa parte das frações organizacionais.

Já mencionamos anteriormente que o estudo estrutural data de um século, enquanto os estudos voltados à gestão de processos data de algumas poucas décadas. Todavia, ambos oferecem alternativas ótimas na busca de soluções e alcance da excelência organizacional, sendo a decisão tomada com base, certamente, na competência técnica de cada pessoa envolvida e, também, em decisões de cunho político, econômico, social, nos termos das estratégias estabelecidas pela administração superior. Neste sentido, a questão é: como a gestão de processos vem sendo aplicada nas organizações instaladas em território brasileiro? Com essa pesquisa, pretendemos dar alguma resposta a você, leitor.

8.1 OBJETIVO

A pesquisa tem o intuito de analisar as mudanças ocorridas nas empresas instaladas no território brasileiro que adotaram a gestão de processos, o que elas fizeram ou mudaram para adaptá-la a suas atividades rotineiras e em que estágio se encontram na gestão por processos, tendo em vista o nosso ambiente, sempre incerto e de razoável turbulência.

Em outras palavras, o objetivo da pesquisa é apresentar o que vem acontecendo no Brasil, ou seja, se as empresas brasileiras conhecem esse modelo de gerir seus processos, se elas o estão utilizando, em que estágio de maturidade elas se encontram e se as empresas nacionais que ainda não adotaram esse modelo pretendem adotá-lo, ao mesmo tempo analisando se as mesmas poderiam ser bem-sucedidas utilizando com excelência o modelo de gestão de processos.

8.2 REVISÃO DE NATUREZA BIBLIOGRÁFICA

O mais importante, mais relevante, essencial é procurar entender por que a gestão de processos no Brasil tornou-se, neste século, uma importante tecnologia de gestão organizacional. Assim, é interessante destacar que sua notoriedade surge em meio a técnicas anteriormente utilizadas nas já tradicionais – e hoje em forte declínio – unidades de OSM (Organização, Sistemas e Métodos), mas que são técnicas agora amplamente utilizadas por gestores de todas as áreas da organização. As unidades de OSM encerraram seu ciclo, mas restou um número expressivo de técnicas, inclusive o fluxograma, gráfico utilizado na análise de processos, ainda que à moda antiga, mas de grande utilidade na atual gestão de processos.

No caso brasileiro, a gestão de processos tem uma relação muito próxima ao conjunto de técnicas que consagrou a conhecida Organização, Sistemas e Métodos, fortalecendo e disseminando melhor o seu uso. É certo, contudo, que estudiosos e gestores das organizações estão inovando e fortalecendo a gestão de processos, inclusive pelo fato de a gestão de processos ser plenamente compatível com outras tecnologias, como, por exemplo, *benchmarking* ou outras tantas hoje existentes e que estão prontas e podem ser acionadas a qualquer instante por nossos profissionais, quer seja como gestor, empresário ou como consultor organizacional.

Vale ressaltar que a gestão de processos, como vista na pesquisa, é função de todos os gestores, e não de um cargo x. Mas afinal de contas o que significa gerir processos? Aqui entramos definitivamente nos resultados da pesquisa.

8.3 METODOLOGIA

Aqui serão descritas de forma minuciosa todas as atividades que tornaram possível a elaboração e condução da pesquisa. São elas: tipo de pesquisa, delimitação de estudo, universo e amostra, seleção dos sujeitos e, por fim, mas não menos importante, a análise e o tratamento dos dados que corroboraram com a sua conclusão.

8.3.1 Tipo de pesquisa

Seguindo a taxonomia proposta por Vergara (2003), a pesquisa foi classificada quanto aos fins e quanto aos meios. Quanto aos fins, como exploratória, considerando o número bastante reduzido de pesquisas sobre o tema em tela; descritiva, pois visa descrever a forma como a gestão de processos vem sendo aplicada em organizações instaladas no território brasileiro, tendo em vista o ambiente altamente incerto e de razoável turbulência em que estas se encontram inseridas; e explicativa, com o intuito de analisar o fenômeno estudado.

Quanto aos meios, foi feita uma pesquisa bibliográfica, na medida em que foram consultadas obras de autores brasileiros e outras obras de autores não nacionais que deram subsídio de natureza acadêmica; telematizada, tendo em vista que a Internet é hoje amplamente utilizada na busca de material disponível e confiável; e de campo, em função da investigação que foi feita em organizações.

8.3.2 Delimitação do estudo

Tendo optado pela pesquisa de campo, algumas limitações certamente estão implícitas na utilização de tal técnica, pois, além de ser difícil encontrar profissionais com tempo hábil para colaborar com a pesquisa, as naturais preocupações com o estágio atual da economia não permitem gasto de tempo com assuntos não diretamente relacionados com o próprio negócio, dificultando por vezes a realização das entrevistas. E vale salientar que todas as entrevistas foram realizadas de forma presencial num tempo não superior a uma hora.

Aliás, apesar de o roteiro ter sido elaborado contendo duas partes, o questionamento não foi extenso, mas suficiente para comparar a literatura e o que realmente acontece no campo de trabalho, sendo possível não só reorientar as ações pedagógicas em sala de aula, mas também transmitir esse conhecimento aos profissionais que desejam maior aprofundamento no tema em tela.

Todavia, por se tratar de uma pesquisa exploratória, seria utópico pensar que este esforço fosse capaz de esgotar esta temática. Portanto, o objetivo é estimular maiores estudos na área e proporcionar uma visão holística, tendo por base a prática de organizações instaladas em território brasileiro.

8.3.3 Universo e amostra

O universo foi formado por profissionais que atuavam em organizações de médio e grande porte, sediadas no território nacional, especialmente em nove unidades da federação: Alagoas, Ceará, Goiás, Minas Gerais, Paraná, Rio de Janeiro, Santa Catarina, São Paulo e Tocantins, e que de alguma forma sabiam o significado de gerir processos independentemente de adotá-los ou não.

A amostra foi formada por 40 empresas que aceitaram, via gerência e direção superior, apresentar o que vem acontecendo no Brasil, ou seja, se as empresas brasileiras conhecem esse modelo de gerir seus processos, se elas o estão utilizando, em que estágio de maturidade elas se encontram e se aquelas que ainda não adotaram esse modelo pretendem adotá-lo, ao mesmo tempo analisando se as mesmas poderiam ser bem-sucedidas utilizando com excelência o modelo de gestão de processos.

8.3.4 Seleção dos sujeitos

Os sujeitos da pesquisa foram profissionais localizados no terço superior das organizações selecionadas por livre escolha e acessibilidade. Para tanto, foram convidados 40 executivos(as) para dar seus depoimentos sobre a temática da presente pesquisa.

8.3.5 Análise e tratamento dos dados

Tendo como base a revisão bibliográfica, a equipe de pesquisa elaborou um roteiro de entrevista que foi testado a fim de corrigir eventuais desvios, ou seja, foi feito um teste piloto com um profissional, que já havia dado o seu suporte em outras pesquisas e que se enquadrava no universo delimitado, sendo possível verificar a existência de questões passíveis de equívocos que levariam a resultados pouco conclusivos.

Dessa forma, chegou-se a um modelo de roteiro contendo duas partes, em que a primeira se destinava a identificar se a organização de fato utilizava a gestão de processos, enquanto a segunda buscava explorar como se dava a sua utilização, de modo a identificar o estágio de maturidade em que se encontrava a organização. Independentemente de utilizar ou não a gestão de processos, todas as respostas foram igualmente importantes à análise da realidade brasileira. Ainda assim, vale esclarecer que propositalmente não há nenhuma identificação que permita ao leitor deste relatório saber qual empresa – ou qual pessoa – prestou essa ou aquela informação, pois este não era o objetivo da pesquisa.

Não obstante, por terem sido feitas entrevistas presenciais, apesar de as questões do roteiro apresentarem alternativas de resposta, muitos comentários foram feitos e certamente estarão incluídos ao longo das análises que seguem, tendo em vista que se trata de uma pesquisa explicativa, e não apenas descritiva. Portanto, a seguir será analisada cada questão da primeira e da segunda parte separadamente.

PARTE 1

Esta parte foi composta por seis questões com quatro alternativas cada uma, que serão exploradas a seguir. As cinco primeiras tinham o intuito de conhecer a realidade da empresa entrevistada e direcionar a uma das duas possibilidades da parte dois: foco na gestão de processos ou foco nos processos, como será visto. Já a última questão desta parte buscou um conhecimento de cada entrevistado, apontando uma situação que justificasse a implementação de tal modelo.

A primeira questão refere-se ao foco do tratamento dado aos estudos de processos na empresa, e seu resultado (Figura 8.1) demonstra que ainda há uma preponderância em focar processos rotineiros (41%). Esse resultado poderia parecer contraditório com os argumentos utilizados, porém, em meio a conversas durante as entrevistas, ficou claro que esta é apenas a primeira etapa para que se possa de fato mapear e gerenciar os processos da organização a fim de solucionar gargalos e problemas que afetam seu desempenho. Portanto, de fato o alinhamento entre estratégia e gestão de processos ainda está relegado a um segundo plano, embora ele já exista (18%) e tenda a ser predominante.

Outro ponto importante destacado na primeira questão consiste na preocupação da grande maioria das empresas com receita. Não foi um resultado unânime, até porque as organizações envolvidas não se limitam a um ramo de atividade, mas para 23%, certamente, é um percentual considerável e que serve de alerta, tendo inclusive um entrevistado afirmado que por vezes o estudo de processos é feito de forma intuitiva com foco na geração de receitas, sem haver ou ter o conhecimento de um processo sistematizado para tal finalidade. Não que agir de forma intuitiva seja ruim, mas agir sempre de forma intuitiva pode ser arriscado.

Na maioria das vezes, o tratamento dado aos estudos de processos na empresa é focado:

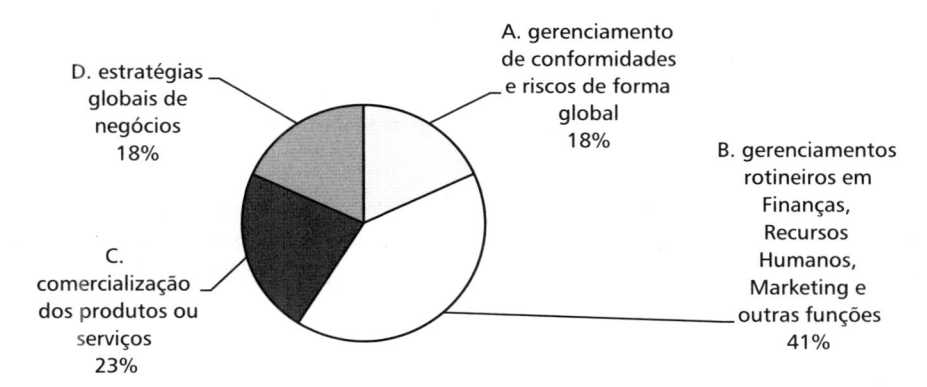

- A. gerenciamento de conformidades e riscos de forma global — 18%
- B. gerenciamentos rotineiros em Finanças, Recursos Humanos, Marketing e outras funções — 41%
- C. comercialização dos produtos ou serviços — 23%
- D. estratégias globais de negócios — 18%

Fonte: Elaboração própria.

Figura 8.1   *Resposta da questão nº 1.*

Na questão dois (Figura 8.2), com relação às equipes responsáveis pelos processos, o resultado obtido foi positivo, demonstrando que a tendência atual de trabalhos em equipes, importantíssima para a gestão de processos, está sendo seguida pela maioria das empresas, onde as equipes multidepartamentais são utilizadas (75%, sendo 55% incluindo as pessoas indiretamente envolvidas e 20% apenas com as diretamente envolvidas com o processo).

De qualquer forma, 25% é um resultado significativo, que deve ser trabalhado e repensado, até porque, neste caso, segundo uma das pessoas entrevistadas, apesar de os processos envolverem mais de uma unidade, não existe uma interação entre as pessoas de diferentes unidades na busca de um desejável trabalho em equipe. Pelo contrário, é como se o processo percorresse a organização e suas diversas unidades, porém cada um está preocupado apenas com a sua atividade e não com o todo. Em suma, os processos são amplos e transcendem a unidade em que são originados, porém a integração entre as pessoas que trabalham neles ainda deixa um pouco a desejar, já que estas o veem como algo local, o que dificulta o alcance de resultados ótimos ao aplicar tal modelo de gestão. Aliás, por vezes as pessoas nem sequer sabem o que as outras fazem.

Em relação à composição das equipes responsáveis pelos processos da organização pode-se dizer que:

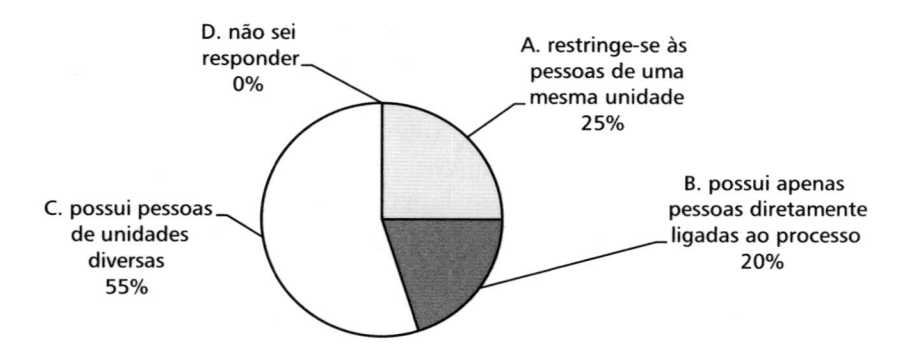

- D. não sei responder — 0%
- A. restringe-se às pessoas de uma mesma unidade — 25%
- B. possui apenas pessoas diretamente ligadas ao processo — 20%
- C. possui pessoas de unidades diversas — 55%

Fonte: Elaboração própria.

Figura 8.2   *Resposta da questão nº 2.*

Complementando as respostas da segunda questão, a Figura 8.3 constata que, embora a maioria dos entrevistados fosse originada de empresas que aplicam a gestão de processos, uma boa parte dessas empresas ainda está em estágios intermediários, como será comprovado pela parte dois deste roteiro. Dessa forma, não é de se estranhar o fato de 52% citarem que os processos, apesar de passarem por mais de uma unidade, não são vistos como uma ação sistêmica. Nesse sentido vale destacar uma metáfora interessante apresentada por uma das pessoas entrevistadas que compara as estruturas funcionais a um feudo, onde cada unidade é bastante centralizada e pouco disposta a se integrar com as demais áreas da empresa.

Analisando o andamento dos processos da empresa, percebe-se que na maioria das vezes:

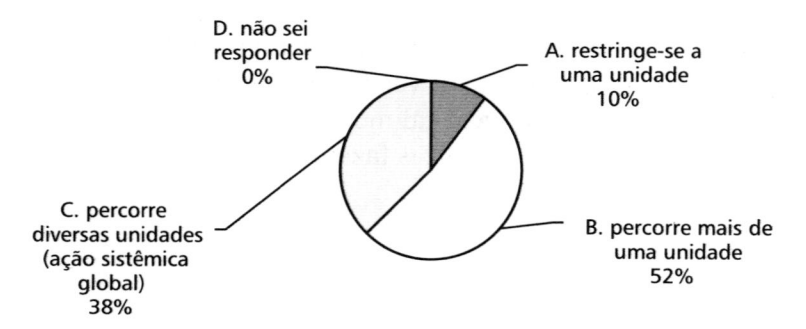

- D. não sei responder — 0%
- A. restringe-se a uma unidade — 10%
- B. percorre mais de uma unidade — 52%
- C. percorre diversas unidades (ação sistêmica global) — 38%

Fonte: Elaboração própria.

Figura 8.3   *Resposta da questão nº 3.*

Neste momento, vale ressaltar uma questão de extrema importância que, apesar de não estar incluída no questionamento, surgiu em meio à entrevista e certamente merece destaque. Trata-se da estrutura organizacional que vem sendo utilizada pelas organizações que buscam a excelência com a gestão de processos. A estrutura organizacional não é apenas vertical, tradicional, como fora por muitos anos, e nem apenas horizontal, como alguns autores chegaram a imaginar, mas sim é uma estrutura mista, onde ambas convivem concomitantemente, podendo ser denominadas de matricial e de projetos. Assim, o organograma tradicional é deixado para atividades administrativas, uma vez que as pessoas dentro da organização têm semelhante importância na alimentação dos processos, reportando-se a diferentes áreas e cargos.

No entanto, nas estruturas matriciais, os processos horizontalizados e verticalizados se cruzam espontaneamente e qualquer alteração que se faz necessária é automaticamente absorvida pela gestão de processos, de modo que se torna difícil priorizar as atividades, que em muitos casos seguem a sequência natural formada pelo nível de influência de cada gestor, julgamento este bastante subjetivo e arriscado, sem contar que gera inúmeros conflitos internos, mas que parecem estar sendo contornados pelas organizações de maneiras distintas.

Na questão número quatro (Figura 8.4), pode-se dizer que quase houve um empate técnico entre os processos (32%) e os clientes (38%), demonstrando que, ao mesmo tempo que algumas organizações acreditam ser importante atender às necessidades de seus clientes sob o risco de perdê-los, uma considerável parte destas está remodelando os seus processos exatamente para melhorar a sua relação com clientes, sejam eles externos ou internos. Aliás, incluem-se neste caso as empresas estatais, demonstrando que se trata de uma preocupação global. Portanto, independentemente de ser uma consequência ou mesmo o foco, os processos têm de fato recebido uma atenção cuidadosa pelas organizações, o que contribui de forma substancial para a aplicação da gestão de processos. Até porque essa busca em aperfeiçoar o atendimento ao cliente deve-se também à crescente demanda deste por produtos ou serviços de qualidade, e a gestão de processos é uma forma de atender a esta de forma organizada, além de dar o retorno esperado aos acionistas.

Tendo em vista a globalização, o foco da empresa tornou-se mais preponderante em:

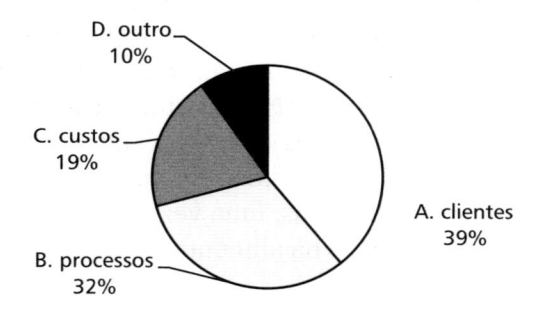

- D. outro 10%
- C. custos 19%
- B. processos 32%
- A. clientes 39%

Fonte: Elaboração própria.

Figura 8.4 *Resposta da questão nº 4.*

Já na quinta questão (Figura 8.5), é reforçada a ideia de que a Tecnologia de Informação (TI) e a gestão de processos estão fortemente relacionadas. O resultado neste caso não chegou a surpreender, pois era esperado que o uso da TI ainda não fosse pleno já que a maioria das empresas entrevistadas ainda não alcançou o último estágio de maturidade, como será visto na parte dois deste roteiro. Inclusive algumas dificuldades que foram apresentadas na revisão foram comprovadas na prática, como, por exemplo, o fato de as organizações por vezes possuírem diversos sistemas funcionando ao mesmo tempo sem interações entre os dados dos mesmos e não sendo nenhum sistema utilizado em sua plenitude, o que é sugerido pela gestão de processos.

Além disso, algumas áreas da empresa estão em estágios muito mais avançados que as demais, o que certamente causa uma distorção nas respostas que foram baseadas no todo. Da mesma forma, a ausência da visão sistêmica dos processos, já comprovada em questões anteriores, certamente faz com que pouquíssimas pessoas usem a automação de forma integrada. Ainda assim, deve-se ressaltar que a TI tende a se desenvolver cada vez mais na medida em que a gestão de processos se torna essencial, uma vez que a demanda por *softwares* compatíveis com as necessidades de cada organização em particular tornar-se-á primordial.

O percentual aproximado dos processos que fazem uso integrado da automação (TI) é de...

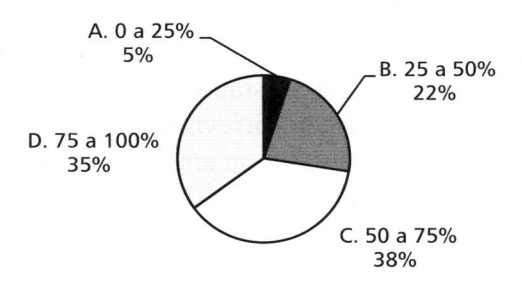

- A. 0 a 25% — 5%
- B. 25 a 50% — 22%
- C. 50 a 75% — 38%
- D. 75 a 100% — 35%

Fonte: Elaboração própria.

Figura 8.5 *Resposta da questão nº 5.*

Por fim, a sexta e última questão (Figura 8.6) desta parte, lembrando que neste caso a pessoa entrevistada não escolheria apenas uma alternativa, mas sim atribuiria pesos para as opções apresentadas. Assim, foi constatado que as empresas mudam, na maioria das vezes, de acordo com a necessidade e não por serem proativas. Porém, foi sugerido que acrescêssemos duas alternativas que demonstram atitudes proativas, são elas: referente à estratégia de crescimento, sendo a mesma considerada a segunda de maior impacto; e referente ao rápido crescimento da empresa (quando a mesma passa de uma gestão familiar para algo que lembre uma gestão profissional), na medida em que se acredita que neste caso seja difícil gerir sem o auxílio da gestão de processos, ou seja, sem de fato conseguir enxergar o todo organizacional.

O que levaria uma empresa a implementar a gestão de processos? (Ordene as alternativas abaixo por ordem de importância, sendo 1 o aspecto de maior impacto, e 4, o de menor).

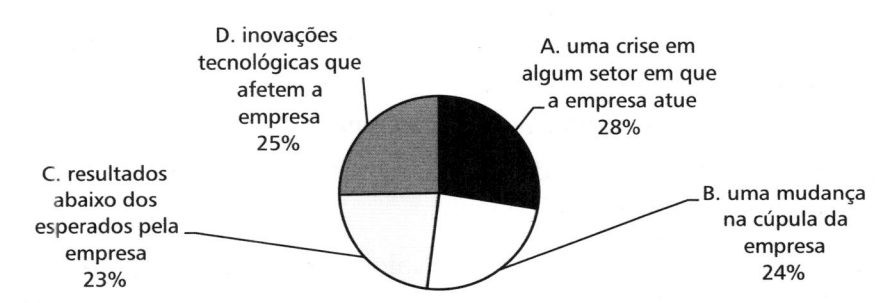

- A. uma crise em algum setor em que a empresa atue — 28%
- B. uma mudança na cúpula da empresa — 24%
- C. resultados abaixo dos esperados pela empresa — 23%
- D. inovações tecnológicas que afetem a empresa — 25%

Fonte: Elaboração própria.

Figura 8.6 *Resposta da questão nº 6.*

De qualquer forma, não houve uma preponderância nos resultados; pelo contrário, as alternativas se apresentaram com um empate técnico, sendo, portanto, as mudanças motivadas por quatro diferentes situações, a saber: crise no setor (28%), mudança na cúpula (24%), resultado abaixo do esperado (23%) e inovações tecnológicas (25%). O fato é que, independentemente da situação, até porque, como afirma uma pessoa entrevistada, tais pesos dependem da natureza da organização, boa parte das pessoas entrevistadas citou a gestão de processos como sendo mais propensa a entrar em uma empresa em situação mais crítica do que em uma funcionando de maneira considerada normal ou mesmo tradicional.

PARTE 2

Tendo sido subdividida em duas, uma focada na gestão de processos e outra nos processos, esta parte buscou saber em que estágio de maturidade se encontravam as organizações instaladas em território brasileiro. Para tanto, foram utilizadas as dez características delimitadas na revisão bibliográfica com base no modelo descrito por Baldam et al. (2007), de modo que as mesmas receberam pesos que variavam de zero a cinco cada, independentemente do foco.

Assim, para fins de tabulação, foram somados os valores, lembrando que três aspectos tiveram seus valores invertidos: adoção do modelo de gestão por estar esse em crescente aplicação; grau de centralização do poder decisório referente à gestão de processos; e necessidade de copiar a concorrência sem dar relevância significativa, permanecendo, portanto, a administração convencional (ou funcional), pois nesses casos um peso mais alto influenciaria negativamente na implementação da gestão de processos.

Ainda assim, quando o foco eram os processos, apenas cinco aspectos foram considerados:

a) envolvimento da administração superior com a gestão de processos;

b) envolvimento do corpo funcional com a gestão de processos;

c) adoção do modelo de gestão por estar esse em crescente aplicação;

d) entendimento da real importância da redução da verticalização (horizontalização) na dinâmica organizacional; e

e) necessidade da gestão de processos, *vis-à-vis* a convicção do caráter sistêmico do todo organizacional.

Por fim, após o somatório, chegou-se a valores que variavam entre 0 e 50, de maneira que os cinco modelos apresentados pelos autores e utilizados pela pesquisa foram delimitados pelas seguintes classes: de 0 a 10 a empresa seria considerada em estágio inicial, de 11 a 20 no estágio repetível, de 21 a 30 estágio definido, 31 a 40 gerenciado e, no nível mais alto de maturidade, de 41 a 50 tinha-se o estágio otimizado, como pode ser percebido na Figura 8.7 a seguir.

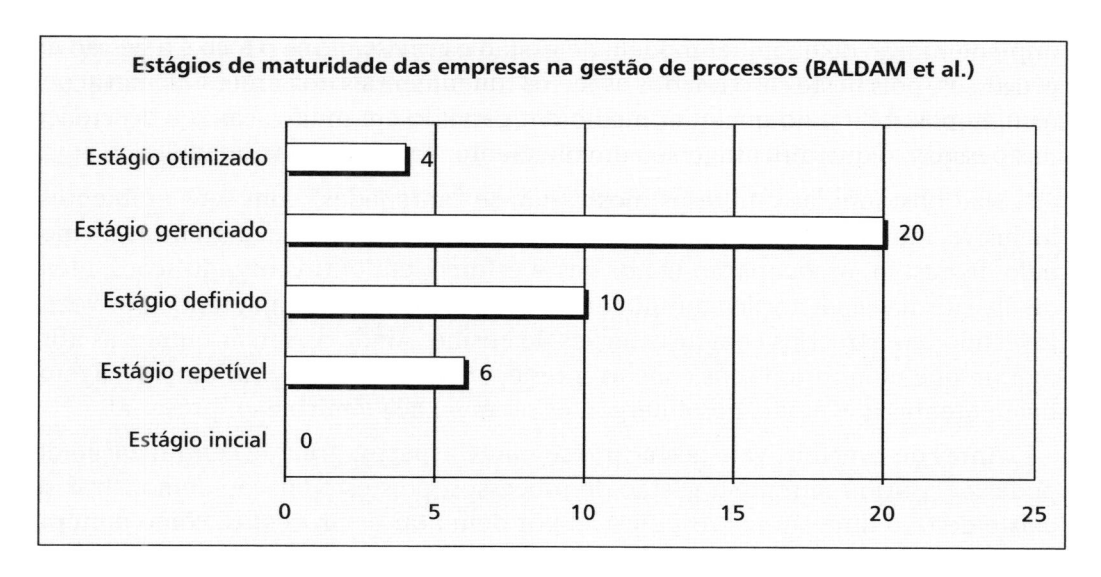

Estágios de maturidade das empresas na gestão de processos (BALDAM et al.)

Estágio	Valor
Estágio otimizado	4
Estágio gerenciado	20
Estágio definido	10
Estágio repetível	6
Estágio inicial	0

Fonte: Elaboração própria.

Figura 8.7 *Resultado da parte 2.*

Dessa forma, com base na Figura 8.7, é possível concluir que a gestão de processos já é uma realidade dentro das empresas, onde a maior parte não só a implementaram como já a dominam, mesmo que parcialmente, tendo em vista que estão em estados de maturidade avançados.

Percebe-se ainda que os requisitos importantes da gestão de processos vêm sendo atendidos, já que boa parte das empresas citou que a cúpula está envolvida diretamente com a gestão de processos. Aliás, as que não possuem uma cúpula tão envolvida mostraram estar cientes da importância do alinhamento entre alto escalão e tal modelo de gestão.

Com relação ao envolvimento do corpo funcional, importante para uma gestão de processos bem-sucedida, este também vem crescendo, embora em muitos casos se reconheça a dificuldade maior em sensibilizar o corpo funcional do que o alto escalão, na medida em que as pessoas não tomam uma atitude por achar importante, mas sim por obrigação, como afirma uma pessoa entrevistada. Neste sentido, a cúpula vem aumentando o grau de autonomia, no tocante aos processos, visando reduzir a resistência de tais profissionais.

No tocante à assimilação de novas ferramentas a partir dos mais variados centros de formação acadêmica, ficou claro, ao longo das entrevistas, que há um investimento das organizações nesse sentido, porém na maioria das vezes falta um *feedback* (retroalimentação). Essa ausência consiste num erro grave quanto à implementação de qualquer modelo de gestão e gravíssimo se o foco é a gestão de processos, pois neste caso um dos aspectos fundamentais dos processos não acontece, impossibilitando qualquer melhora e gerando em muitos casos a descrença das pessoas, o que dificulta o seu envolvimento, como já mencionado.

Não obstante, as empresas mostraram-se "antenadas" com seus ambientes, inclusive, muitas delas afirmaram ter o conhecimento de boas experiências do modelo de gestão, preocupação maior desse esforço, em outras organizações, além de investir na capacitação continuada das pessoas que ali atuam, tendo por vezes investido em parcerias com instituições de ensino. Ainda assim, as empresas afirmaram que monitoram seus concorrentes e, embora não necessariamente sigam, ficam atentas aos modismos emergentes no meio acadêmico e empresarial.

Antes de concluir, vale destacar o seguinte aspecto: grau de centralização do poder decisório referente à gestão de processos, pois este buscou demonstrar se existe de fato uma equipe responsável por delimitar os processos, como a literatura sugere. Equipe esta que certamente faria a organização alcançar o estágio mais avançado de maturidade, o que só aconteceu em quatro casos (Figura 8.7), demonstrando que ainda não consiste numa realidade brasileira, mas que certamente corrobora com a lógica do modelo proposto pelos autores e demonstra ser uma tendência necessária àquelas empresas que buscam a excelência com base nesse modelo de gestão. É essencial uma boa gestão, e não apenas mapear os processos; é preciso gerir os gargalos.

FINALIZANDO

Durante muitos anos, organizações promoviam estudos estruturais em cada fração organizacional, em cada unidade, centrados nos objetivos, estruturas internas, linhas de autoridade e o elenco de funções destinadas a cada unidade (seção, setor, departamento, gerência etc.), garantindo assim sua excelência. Todavia, as transformações ocorridas no mundo dos negócios apontaram para uma nova realidade em que os estudos voltados à gestão de processos, críticos ou não críticos da organização como um todo, ou, eventualmente, processos que atinjam uma boa parte das frações organizacionais, se mostravam mais vantajosos no auxílio da tomada de decisão.

Assim, com o objetivo de apresentar o que vem acontecendo no Brasil, ou seja, se as empresas brasileiras conhecem esse modelo de gestão e se o estão utilizando ou não, foi realizada essa pesquisa com base em entrevistas presenciais que possibilitaram algumas conclusões acerca do assunto em tela. Uma delas refere-se ao fato de que, apesar de ainda haver uma preponderância em focar processos rotineiros (Figura 8.2), esta é apenas a primeira etapa para que se possa de fato mapear e gerenciar os processos da organização.

Da mesma forma, se, por um lado, a grande maioria das empresas ainda está preocupada com receita e por vezes as ideias de estudiosos tradicionais parecem ainda estar presentes, por outro, a tendência atual de trabalhos em equipes, fundamental para a implementação da gestão de processos, vem sendo adotada pela maioria das empresas, onde o envolvimento do corpo funcional vem crescendo e a cúpula vem se mostrando envolvida diretamente com a gestão de processos, ou ao menos ciente da importância do alinhamento entre alto escalão e tal modelo de gestão.

Contudo, as empresas ainda estão em sua maioria em estágios intermediários (Figura 8.7), ou seja, a gestão de processos já é uma realidade, mas a desejada ação sistêmica, assim como as equipes responsáveis pelos processos, não o são. Esse fato explica inúmeros conflitos gerados, inclusive pelo tipo de estrutura a ser adotada por este modelo de gestão.

Com relação à Tecnologia da Informação, foi comprovada sua relação forte com a gestão de processos e a tendência que ela tem de se desenvolver cada vez mais na medida em que a demanda por *softwares* compatíveis com as necessidades de cada organização tornar-se-á primordial.

Mesmo não tendo sido o intuito desta pesquisa, ficou claro que as empresas mudam, na maioria das vezes, de acordo com a necessidade e não por serem proativas; logo, tal modelo de gestão se mostra mais propenso a ser utilizado numa situação crítica. Para tanto, é preciso que a assimilação de novas ferramentas a partir dos mais variados centros de formação acadêmica, por exemplo, seja mais bem aproveitada, gozando do fato de as empresas serem "antenadas" com seus ambientes. Em suma, apesar de os diagnósticos apontarem para a importância da gestão de processos, como em qualquer processo de mudança, existe resistência à sua implementação e a mesma deve ser trabalhada da melhor forma na busca da excelência. Um registro especial às pessoas que aceitaram nosso convite e dedicaram um tempo expressivo no sentido de responder com extrema seriedade e profissionalismo às questões formuladas. Alagoas, Ceará, Goiás, Minas Gerais, Paraná, Rio de Janeiro, Santa Catarina, São Paulo e Tocantins foram os estados que participaram da pesquisa, portanto, uma amostra representativa de nossa federação.

ESTUDO DE CASO

João Pedro, gerente de marketing, chegara de São Paulo, onde esteve num evento importante para a empresa, cuja matriz é no nordeste e que vem crescendo muito, principalmente, nas exportações. João conversou longamente com o vice--presidente de organização e talentos e, logo na manhã seguinte ao seu retorno, pediu a presença dos demais gestores.

Abrindo a sessão, ele, João, disse que o assunto a ser tratado não era de sua competência, mas ele o julgava importante. Falou então sobre a gestão de processos, que era o tema. Disse que a experiência pessoal dele era pequena nessa temática, mas reconhecia que a empresa estava atrás dos novos movimentos, das novas dinâmicas de ação organizacional e um dos motivos era a insistência em apenas valorizar os gestores, dando-lhes poderes plenos, ou seja, prevalecia a hierarquia, prevalecia a verticalização. E isso travava a empresa, porque muitas vezes a unidade tinha de aguardar o retorno do gestor que fora em uma das filiais fora do estado. E citou mais outros exemplos travadores das ações da organização. O gestor da área de organização e talentos disse que uma boa pesquisa era o melhor a ser feito. "Podemos visitar empresas aqui mesmo no estado ou mesmo na Paraíba, aqui bem pertinho. Até mesmo a filial de São Paulo e a do Rio de Janeiro poderiam participar de alguma forma."

A reunião se estendeu um pouco mais e foi encerrada com a promessa de uma pesquisa sobre processos. João agradeceu a presença e assim foi encerrada essa reunião de trabalho.

Na mesma semana, o gestor de organização e talentos montou uma equipe para a pesquisa e fez o que ele chamou de um único encontro para a sua realização e marcou para dali a três meses uma nova reunião, mas agora com os resultados finais da pesquisa.

Scarlet, Rafaela e Yviana foram indicadas como as coordenadoras da pesquisa. Importante afirmar que as três têm um excelente relacionamento e são responsáveis por muitas atividades da empresa em assuntos relacionados aos talentos internos e aos talentos que são "caçados" no estado ou mesmo fora dele. Elas se reúnem com os demais membros, eram mais cinco pessoas da unidade, num total de sete. Zulmira e Monica haviam manifestado o desejo de participar dos trabalhos de forma efetiva, mas não foram chamadas e nada foi mencionado às duas profissionais.

Você (e seu grupo, se for o caso) deve trabalhar no sentido de atender ao compromisso assumido pela unidade frente a toda a organização. Lembre-se que todo o texto acima tem como origem o próprio capítulo, onde há muitas informações sobre a produção de uma pesquisa de campo.

Nota: este caso é hipotético e qualquer semelhança com nomes de pessoas, localização, nomes de empresas será, rigorosamente, mera coincidência.

QUESTÕES PARA DEBATE

1. Você considera que a gestão de processos é hoje uma alternativa importante para as empresas no país? Sim ou não, e por quê?

2. Na pesquisa, alguns estados tiveram participantes na pesquisa. Você considera que o resultado teria sido outro, caso a pesquisa fosse realizada num único estado?

3. O número de entrevistados chegou a 40. Você acha que esse número é suficiente para se imaginar que a gestão de processos é ou não é uma boa alternativa para as empresas sediadas no Brasil?

4. Resultado da pesquisa: na maioria das vezes, o tratamento dado aos estudos de processos na empresa é focado em... Faça ao menos um comentário ainda que seja genérico, mas dentro deste item.

5. Resultado da pesquisa: em relação à composição das equipes responsáveis pelos processos da organização pode-se dizer que... Faça ao menos um comentário, ainda que seja genérico, mas dentro deste item.

6. Resultado da pesquisa: analisando o andamento dos processos da empresa, percebe-se que na maioria das vezes... Faça ao menos um comentário, ainda que seja genérico, mas dentro deste item.

7. Resultado da pesquisa: o percentual aproximado dos processos que fazem uso integrado da automação (TI) é de... Faça ao menos um comentário, ainda que seja genérico, mas dentro deste item.

8. Resultado da pesquisa: estágios de maturidade das empresas na gestão de processos são... Faça ao menos um comentário, ainda que seja genérico, mas dentro deste item.

9. A pesquisa trouxe como resultado que a empresa brasileira está em que estágio: avançado, intermediário ou atrasado? Comente longamente, se possível.

10. Você acha que ainda existe resistência na aplicação da gestão de processos no país? Responda livremente, mas tome por base o tópico Finalizando, onde você encontrará algum suporte para a sua resposta.

REFERÊNCIAS

ALBUQUERQUE, Alan; ROCHA, Paula. *Sincronismo organizacional*: como alinhar a estratégia, os processos e as pessoas. São Paulo: Saraiva, 2007.

ALMEIDA, Léo G. *Gerência de processo*: mais um passo para a excelência. Rio de Janeiro: Qualitymark, 1993.

_____. *Gestão de processos e a gestão estratégica*. Rio de Janeiro: Qualitymark, 2002.

BALDAM, Roquemar; VALLE, Rogério; PEREIRA. Humberto; HILST, Sérgio; ABREU, Maurício; SOBRAL, Walmir. *Gerenciamento de processos de negócios*: BPM – Business Process Manager. São Paulo: Érica, 2007.

CORNACHIONE JÚNIOR, Edgard Bruno. *Sistemas integrados de gestão*: arquitetura, método e implantação. São Paulo: Atlas, 2001.

CRUZ, Tadeu. *Sistemas, métodos & processos*: administrando organizações por meio de processos de negócios. 2. ed. revista, atualizada e ampliada. São Paulo: Atlas, 2006.

DAVENPORT, Thomas H. *Reengenharia de processo*: como inovar na empresa através da tecnologia da informação. Rio de Janeiro: Campus, 1994.

JENNINGS, N. R.; FARATIN, P.; JOHNSON, M. J.; NORMAN, T. J.; O'BRIEN, P.; WIEGAND, M. E. *Agent-based business process management*. Disponível em: <http://www.csd.abdn.ac.uk/~tnorman/publications/ijcis1996.pdf>. Acesso em: 24 out. 2006.

KAPLAN, Robert S.; NORTON, David P. *A estratégia em ação*. Rio de Janeiro: Campus, 1997.

LACOMBE, Francisco. *Dicionário de administração*. São Paulo: Saraiva, 2004.

MARANHÃO, Mauriti; MACIEIRA, Maria Elisa Bastos. *O processo nosso de cada dia*: modelagem de processos de trabalho. Rio de Janeiro: Qualitymark, 2004.

OLIVEIRA, Djalma de Pinho Rebouças de. *Administração de processos*: conceitos, metodologia, práticas. São Paulo: Atlas, 2006.

REBOUÇAS, Djalma. *Administração de negócios*: conceitos, metodologia e prática. São Paulo: Atlas, 2006.

SENGE, Peter. *A quinta disciplina*: a arte, teoria e prática da organização de aprendizagem. 12. ed. São Paulo: Best-Seller, 1990.

SMITH, Howard; FINGAR, Peter. *Business process management*: the third wave. Florida: Advanced Business-Technology Books for Competitive Advantage, 2003.

VERGARA, Sylvia. *Projetos e relatórios de pesquisa em administração*. 5. ed. São Paulo: Atlas, 2003.

Bibliografia

ALBUQUERQUE, Alan; ROCHA, Paula. *Sincronismo organizacional*: como alinhar a estratégia, os processos e as pessoas. São Paulo: Saraiva, 2007.

ALMEIDA, Léo G. *Gerência de processo*: mais um passo para a excelência. Rio de Janeiro: Qualitymark, 1993.

_____. *Gestão de processos e a gestão estratégica*. Rio de Janeiro: Qualitymark, 2002.

ALTMAN, Ross. *SOA Overview and Guide to SOA Research*. Disponível em: <http://www.gartner.com/DisplayDocument?id=1396514>. Acesso em: 1º out. 2010.

AMARAL, Vinicius. BPM – Afinal, o que é (e o que não é) isso? 3 jan. 2006. In: Sirius Prime. Disponível em: <http://www.baguete.com.br/artigos/323/vinicius-amaral/03/01/2006/bpm-afinal-o-que-e-e-o-que-nao-e-isso>. Acesso em: 11 ago. 2010.

AMATO NETO, João. Redes dinâmicas de cooperação e organizações virtuais. In: AMATO NETO, João (org.). *Redes entre organizações*: domínio do conhecimento e da eficácia operacional. São Paulo: Atlas, 2005.

ARAUJO, Luis César G. de. *Organização, sistemas e métodos e as tecnologias de gestão organizacional*. 5. ed. São Paulo: Atlas, 2011. v. 1.

_____. *Teoria geral da administração*: aplicação e resultados nas empresas brasileiras. São Paulo: Atlas, 2004.

BALDAM, Roquemar; VALLE, Rogério; PEREIRA, Humberto; HILST, Sérgio; ABREU, Maurício; SOBRAL, Walmir. *Gerenciamento de processos de negócios*: BPM – Business Process Manager. São Paulo: Érica, 2007.

BARBARÁ, Saulo. *Gestão por processos*. São Paulo: Atlas, 2006.

BOTTO, Renato. *Arquitetura corporativa*. Rio de Janeiro: Bransport, 2004.

BPMN. Business Process Modeling Notation, v. 1.1. OMG, 2008. Disponível em: <http://www.omg.org/spec/BPMN/1.1/PDF>. Acesso em: 31 ago. 2010.

BURNS, Tom; STALKER, G. M. *The management of innovation*. Oxford: Oxford University Press, 1961.

CABRAL, Cláudio de Oliveira. *Cultura organizacional*: conceitos, crenças e personagens. Disponível em: <http://www.cra-rj.org.br/site/espaco_opiniao/arquivos/art-005.pdf>. Acesso em: 23 jul. 2010.

CORNACHIONE JÚNIOR, Edgard Bruno. *Sistemas integrados de gestão*: arquitetura, método e implantação. São Paulo: Atlas, 2001.

CRUZ, Tadeu. *Sistemas, métodos & processos*: administrando organizações por meio de processos de negócios. 2. ed. revista, atualizada e ampliada. São Paulo: Atlas, 2006.

DAVENPORT, Thomas H. *Reengenharia de processos*: como inovar na empresa através da tecnologia da informação. Rio de Janeiro: Campus, 1994.

DEMING, Edwards W. *Qualidade*: a revolução da administração: São Paulo: Marques Saraiva, 1990.

DUARTE, Renato Lima. O que não é medido, não é gerenciado. 10 abril 2010. Disponível em: <http://consultoriaiso.blogger.com.br/>. Acesso em: 24 set. 2010.

ELO Group. *Os 3 papéis estratégicos de um escritório de processos*. Jan. 2009. Disponível em: <http://www.elogroup.com.br/download/Artigo_Os%203%20Papeis%20Estrategicos%20de%20um%20Escritorio%20de%20Processos.pdf>. Acesso em: 28 jul. 2010.

FLEURY, Maria Tereza Leme; FISCHER, Rosa Maria. *Cultura e poder nas organizações*. Rio de Janeiro: Atlas, 1991.

FORBES. Disponível em: <http://www.forbes.com/lists/2010/18/global-2000-10_The-Global-2000_Rank.html>. Acesso em: 5 jun. 2010.

GERSAN feiras e eventos. In: Cenografia para eventos. Disponível em: <http://www.gersan.com.br/service.html>. Acesso em: 13 jul. 2010.

GONÇALVES, José Ernesto Lima. As empresas são grandes coleções de processos. *RAE – Revista de Administração de Empresas*, São Paulo, v. 40, nº 1, p. 6-19, jan./mar. 2000.

_____. Processo, que processo? *RAE – Revista de Administração de Empresas*, São Paulo, v. 40, nº 4, p. 8-19, out./dez. 2000.

HAMMER, Michael. A empresa voltada para processos. *Revista HSM Management*, São Paulo, nº 9, p. 6-9, jul./ago. 1998.

_____. *The agenda*: what every business must do to dominate the decade. New York: Crown Business, 2001.

_____. The audit process. *HBR Press*, Boston, v. 35, nº 4, p. 73-84, Apr. 2007.

HAMMER, Michael; CHAMPY, James. *Reengenharia revolucionando a empresa* – em função dos clientes, da concorrência e das grandes mudanças da gerência. Rio de Janeiro: Campus, 1994.

HARMON, Paul. *Porter, ERP, and BPMS*. BPtrends. Disponível em: <www.bptrends.com>. Acesso em: 22 jul. 2010.

HARRINGTON, H. James. *Aperfeiçoando processos empresariais*. São Paulo: Makron Books, 1993.

_____. *Business process improvement*: the breakthrough strategy for total quality, productivity and competitiveness. New York: McGraw-Hill, 1991.

IDEF0 – Integration Definition for Function Modeling, 1993. Disponível em: <http://www.idef.com/pdf/idef0.pdf>. Acesso em: 31 ago. 2010.

IDEF3 – Information Integration for Concurrent Engineering (IICE) IDEF3 Process Description Capture Method Report, 1995. Disponível em: <http://www.idef.com/pdf/Idef3_fn.pdf>. Acesso em: 31 ago. 2010.

INSTITUTO Brasileiro de Governança Corporativa. Disponível em: <http://www.ibgc.org.br/Home.aspx>. Acesso em: 1º ago. 2010.

JENNINGS, N. R.; FARATIN, P.; JOHNSON, M. J.; NORMAN, T. J.; O'BRIEN, P.; WIEGAND, M. E. *Agent-based business process management*. Disponível em: <http://www.csd.abdn.ac.uk/~tnorman/publications/ijcis1996.pdf>. Acesso em: 24 out. 2006.

JESTON, J.; NELIS, J. *Management by process*: a roadmap to sustainable business process management. Rio de Janeiro: Elsevier, 2008.

JOIA, Luis A. *Reengenharia e tecnologia da informação*: o paradigma do camaleão. São Paulo: Pioneira, 1994.

KAPLAN, Robert S.; NORTON, David P. *A estratégia em ação*. Rio de Janeiro: Campus, 1997.

KATZ, Robert L.; KAHN, Daniel. *Psicologia social das organizações*. São Paulo: Atlas, 1987.

KOCH, Christopher. ABC da SOA. Disponível em: <http://cio.uol.com.br/tecnologia/2006/07/17/idgnoticia.2006-07-17.3732358054/>. Acesso em: 1º ago. 2010.

KORHONEN, Janne J. Enterprise BPM – A Systemic Perspective. Disponível em: <http://www.bptrends.com/publicationfiles/01-07-ART-Enterprise%20BPM%20-%20Korhonen-Final.pdf>. Acesso em: 1º ago. 2010.

KOTLER, Philip; ARMSTRONG, Gary. *Princípios de marketing*. Rio de Janeiro: Prentice Hall, 2007.

LACOMBE, Francisco. *Dicionário de administração*. São Paulo: Saraiva, 2004.

LAURINDO, Fernando José Barbin. Tecnologia da Informação como suporte às estratégias empresariais. In: AMATO NETO, João (Org.). *Redes entre organizações*: domínio do conhecimento e da eficácia operacional. São Paulo: Atlas, 2005.

LODI, João Bosco. *História da administração*. São Paulo: Pioneira Thomson Learning, 2003.

MARANHÃO, Mauriti; MACIEIRA, Maria Elisa Bastos. *O processo nosso de cada dia*: modelagem de processos de trabalho. Rio de Janeiro: Qualitymark, 2004.

MOTTA, Fernando Claudio Prestes. *Teoria geral da administração*: uma introdução. São Paulo: Cengage Learning, 2004.

NAKANO, Davi Noboru. Fluxos de conhecimento em redes interorganizacionais: conceitos e fatores de influência. In: AMATO NETO, João (Org.). *Redes entre organizações*: domínio do conhecimento e da eficácia operacional. São Paulo: Atlas, 2005.

OASIS. *Modelo de referência para arquitetura orientada a serviço*. 1.0. 19 jul. 2006. Disponível em: <http://www.pcs.usp.br/~pcs5002/oasis/soa-rm-csbr.pdf>. Acesso em: 10 ago. 2010.

OLIVEIRA, Djalma de Pinho Rebouças de. *Revitalizando a empresa*: a nova estratégia de reengenharia para resultados e competitividade: conceitos, metodologia, práticas. São Paulo: Atlas, 1996.

_____. *Administração de processos*: conceitos, metodologia, práticas. São Paulo: Atlas, 2006.

_____. *Planejamento estratégico*: conceitos, metodologias e práticas. 13. ed. São Paulo: Atlas, 1999.

OLIVER, C. *Determinants of interorganizational relationships*: integration and future directions. v. 15, nº 2. Kansas: The Academy of Management Review, 1990.

PAIM, Rafael; CARDOSO, Vinícius; CAULLIRAUX, Heitor; CLEMENTE, Rafael. *Gestão de processos*. Rio de Janeiro: Bookman, 2009.

PETROBRAS. Disponível em: <http://www.petrobras.com.br/pt/quem-somos/estrategia-corporativa/>. Acesso em: 26 maio 2010.

PORTAL Exame. *Petrobras é a empresa mais desejada por jovens brasileiros, aponta pesquisa*. 27 ago. 2009. Exame/carreira. Disponível em: <http://portalexame.a-bril.com.br/carreira/petrobras-empresa-mais-desejada-jovens-brasileiros-aponta-pesquisa-494403.html>. Acesso em: 31 ago. 2010.

PORTER, Michael E. *Vantagem competitiva*: criando e sustentando um desempenho superior. 34. ed. Rio de Janeiro: Elsevier, 1989.

PROJETO de um jogo 3D – computação gráfica. Disponível em: <http://www.dca.fee.unicamp.br/courses/IA725/1s2006/projeto/g5/v3/versao00.html>. Acesso em: 24 ago. 2010.

RANGEL, Natali. *Uma abordagem histórica da cenografia*. 11 fev. 2010. Disponível em: <http://www.webartigos.com/articles/32508/1/Cenografia-virtual-conceitos-e-viabilidades/pagina1.html>. Acesso em: 25 jun. 2010.

REZENDE, Denis Alcides; ABREU, Aline França de. *Tecnologia da informação aplicada a sistemas de informação empresariais*: o papel estratégico da informação e dos sistemas de informação nas empresas. 3. ed. São Paulo: Atlas, 2003.

RH portal. O que é cultura organizacional. 9 jan. 08. Artigos. Disponível em: <http://www.rhportal.com.br/arti-gos/wmview.php?idc_cad=582qebocp>. Acesso em: 28 ago. 2010.

ROSEN, Mike. *Where does end and the other begin?* Jan. 2006. In: A BPT Column. Disponível em: <http://www.bptrends.com/publicationfiles/01-06%20COL%20SOA%20-Where%20Does%20One%20End%20-%20Rosen.pdf>. Acesso em: 27 jul. 2010.

ROZENFELD, Henrique. *Processo de negócio*. Disponível em: <http://www.numa.org.br/conhecimentos/conhecimentos_port/pag_conhec/Bps.html>. Acesso em: 31 ago. 2010.

RUMMLER, Geary A.; BRACHE, Alan. *Melhores desempenhos das empresas*: uma abordagem prática para transformar as organizações através da reengenharia. São Paulo: Makron Books, 1994.

SALADA de números: os gráficos de Henry Gantt. Disponível em: <http://saladadenumeros.blogspot.com/2008/07/os-graficos-de-henry-gantt.html>. Acesso em: 24 ago. 2010.

SCHEER, A. W. *ARIS – Business Process Frameworks*. New York: Springer Verlag Berlin, 1984.

SENGE, Peter. *A quinta disciplina*: a arte, teoria e prática da organização de aprendizagem. 12. ed. São Paulo: Best-Seller, 1990.

SMITH, Howard; FINGAR, Peter. *Business Process Management*: the third wave. Florida: Advanced Business-Technology Books for Competitive Advantage, 2003.

SMITH, Ralph. *Business Process Management and the Balanced Scorecard*: using process as strategic drivers. Hoboken, New Jersey: John Wiley, 2007.

SOA and BPM. 28 fev. 2006. In: Business Process Trends. v. 4, nº 4. Disponível em: <http://www.bptrends.com/publicationfiles/bptadvisor2006Feb28.pdf>. Acesso em: 27 jul. 2010.

VERGARA, Sylvia. *Projetos e relatórios de pesquisa em administração*. 5. ed. São Paulo: Atlas, 2003.

VERNADAT, F. B. *Enterprise modeling and integration*: principles and applications. London: Chapman & Hall, 1996.

VILLARMOSA disponível em: <http://www.fgtec.com/professorwillian/dicas.cfm?id=9>. Acesso em: 31 jul. 2010.

WESKE, Mathias. *Business process management*: concepts, languages, architectures. New York: Springer Verlag Berlin, 2007.

YANO, Célio. Brasil é o país em que Google mais sofre censura. In: EXAME.com. 20 abril 2010. Disponível em: <http://www.centroanastacia.com/Jornaldigital/images/escritorio-3.jpg>. Acesso em: 24 ago. 2010.

Índice Remissivo

A

Abordagem, 7
Acompanhamento, 67, 101
Adam Smith, 18
Administração pública, 63
Agrupamentos, 132
Ambiente externo, 1, 117
Âmbito organizacional, 30
Análise, 30, 101
AND (E) – assíncrono, 52
AND (E) – síncrono, 52
ARIS (*architecture of integrated information systems*), 57
Arquitetura, 110
Arquitetura orientada a serviços, 109
Árvores de Funções (FT), 58
Assimetria, 133
Atividade, 111
Ator, 137
Automação, 100

B

BAM (*Business Activity Monitoring*), 108
Benchmarking, 143
BPD (*Business Process Diagram*), 31
BPM, 107
BPMN (*Business Process Modeling Notation*), 31
BPMS (*Business Process Management System or Suite*), 106

C

Cadeia de processos orientados por eventos, 57
Cadeia de valor, 58
Camada de integração, 111
Cenário, 118
Cenário brasileiro, 7
Centralização, 65
CEO (*Chief Executive Officer*), 14
CHA (conhecimento, habilidades e atitudes), 118
Ciclo, 149
Ciclo PDCA, 19
Clientes, 23
Clusters, 131
Comitê gestor, 93
Comitê integrador, 92

Competências, 118
Comunicação, 123
Concorrência, 158
Corpo de executivos, 92
Corpo funcional, 143
Cultura, 7

D

Departamento, 27
Desintermediação, 101
Desperdício, 1
Diagrama de Entidade e Relacionamento (ERM), 58
Diagrama de Função (FAD), 58
Diagrama de Objetivos (DO), 58
Diagrama de Processo (EPC), 59
Diretoria, 91
Divergência, 143
Downsizing, 28

E

Eficácia, 137
Eficiência, 137
Entradas, 5
EPC, 57
Escritório, 92
Escritório de processos, 62
Especialização, 67
Estudiosos, 94
Evolução, 99
Expertise, 86

F

Feedback, 160
Ferramenta, 95
Flexibilidade, 4
Fluxogramas, 4
Fornecedores, 41

G

Gargalos, 23
Gateway, 37

Gatilho, 37
Generalizações, 138
Geografia, 101
Gestão pela qualidade total (GQT), xvi, 19
Governança, 74, 86
Governança corporativa, 85
Governança de processos, 85

H

Hierarquia, 119
Histórico, 123
Home office, 128
Horizontalização, 158

I

ICAM (*Integrated Computer-Aided Manufacturing*), 45
Implementação, 139
Incertezas, 148
Incidentes críticos, 123
Informação, 100
Inovação, 62
Inputs, 5
Integração, 10, 101
Intelecto, 101
Iridium, 128

J

Jeitinho brasileiro, 9

K

Keiretsu, 132

L

Lacuna, 31
Líder, 120
Liderança, 119
Linha de montagem, 18

M

Manuais, 10
Maturidade, 86

Metodologia para modelagem, 95
Métodos de avaliação dos processos, 95
Missão, 75
Modelagem, 94
Mudança organizacional, 127
Mudanças, 3
Mundialização, 134

N

Negócio, 150
Networks, 133, 134
Notação para modelagem de processos, 95

O

Obstáculos, 3
OMG (*Object Management Group*), 31
Organograma, 58
OR (OU) – assíncrono, 52
OR (OU) – síncrono, 53
OSM (Organização, Sistemas e Métodos), 149
Outputs, 5
Outsourcing, 64

P

Padronização, 94
Padronizar, 30
Papéis, 90
PDCA, 20
PEMM (*Process and Enterprise Maurity Model*), 86
Pesquisa, 149
Pesquisa explicativa, 152
Pessoas, 117
Processamento, 5
Process management, 25
Processo, 24
Processo decisório, 90
Processo de socialização, 123
Processos × estrutura organizacional, 88
Produtividade, 22
Propostas, 25
Proprietário, 92

Q

Qualidade, 30
Quebras de paradigmas, 134

R

Recursos financeiros, 92
Redes, 131
Reengenharia, 13
Reestruturação, 29
Resolução de conflitos, 27
Retroalimentação, 160
Revolução Industrial, 2
Rotinas, 4
Rudimentar, 3

S

Saídas, 5
Sequência, 41, 100
Serviço, 110
Setores, 85
Silos, 100
Sistemas, 100
Sistemas abertos, 5, 7
Sistemas fechados, 1
Sistemas integrados de gestão, 104
SOA (*Service Oriented Architecture*), 109
Sobrevivência, 29

T

Tecnologia da informação (TI), 99, 129
Terceirização, 64
Throughput, 5
Transição, 144
Trilogia, 118

U

Unidade centralizadora, 94
Unidades, 10
Universo, 151
UOB (*Unit of Behavior*), 57

V

Vantagem competitiva, 77
Verticalização, 158
Visão, 74

W

Web services, 108
WfMC (Workfow Management Coalition), 102

Workflow, 102

X

XOR (OU exclusivo), 53

Z

Zaibatsus, 132
Zero defeito, 19

Índice Onomástico

A

ABREU, Aline França de, 2
AMARAL, Vinicius, 107
AMATO NETO, João, 131
ARAUJO, Luis César, 18, 28
ARMSTRONG, Gary, 75

B

BALDAM, Roquemar, 108, 158, 159
BARBARÁ, Saulo, 128
BOTTO, Renato, 110
BRACHE, Alan P., 23, 24, 27, 92, 93
BURNS, Tom, 117, 119

C

CABRAL, Cláudio de Oliveira, 121, 122
CHAMPY, James, 21

D

DAVENPORT, Thomas H., 22, 24, 91, 93, 100, 115
DEMING, W. Edwards, 19, 20, 21
DUARTE, Renato Lima, 20

F

FLEURY, Maria Tereza Leme, 122, 125
FORD, Henry, 18

G

GONÇALVES, José, 22, 24, 28, 29, 30

H

HAMMER, Michael, 19, 20, 21, 23, 30, 86, 91, 93, 101
HARMON, Paul, 106
HARRINGTON, H. James, 25, 29, 92, 93

J

JESTON, J., 86, 92
JOIA, Luiz Antonio, 22
JURAN, Joseph M., 19

K

KAHN, Daniel, 5
KATZ, Robert L., 5
KOCH, Christopher, 111
KORHONEN, Janne J., 92, 93

KOTLER, Philip, 75

L

LAURINDO, Fernando J. Barbin, 130
LODI, João Bosco, 18

M

MOTTA, Fernando Claudio Prestes, 18

N

NAKANO, Davi Noboru, 133
NELIS, J., 86, 92

O

OLIVEIRA, Djalma Rebouças de, 24, 74
OLIVER, C., 133

P

PAIM, Rafael, 105, 108
PORTER, Michael, 77, 78, 79, 82

R

RANGEL, Natali, 7
REZENDE, Denis Alcides, 2
ROSEN, Mike, 111, 112, 113
ROZENFELD, Henrique, 20
RUMMLER, Geary, 23, 24, 27, 92, 93

S

SCHEER, A. W., 57
SMITH, Ralph, 75, 107
STALKER, G. M., 117, 119

V

VERGARA, Sylvia, 150
VON BERTALANFFY, Ludwig, 5

W

WESKE, Mathias, 61, 102, 103, 104

Impressão e Acabamento:
Geográfica editora

2017